Michael Turner

Quando os Dragões Voltarem
Guia Esotérico para a Nova Era

Título Original: *When the Dragons Return - Esoteric Guide for the New Age*
Copyright © 2025, publicado por Luiz Antonio dos Santos ME.
Este livro é uma obra de não-ficção que explora práticas e conceitos no campo do esoterismo e da espiritualidade. Através de uma abordagem abrangente, o autor apresenta a relação ancestral da humanidade com os dragões e seu papel no equilíbrio energético do planeta, oferecendo reflexões e insights sobre seu possível retorno e influência na nova era espiritual.
1ª Edição
Equipe de Produção
Autor: Michael Turner
Editor: Luiz Santos
Capa: Studios Booklas / Richard Owen
Consultor: Eleanor Vasquez
Pesquisadores: Daniel Hargrove, Sophia Lin, Marco Bellini
Diagramação: Thomas Everett
Tradução: Emily Thompson
Publicação e Identificação
Quando os Dragões Voltarem
Booklas, 2025
Categorias: Esoterismo / Espiritualidade
DDC: 133.9 / **CDU:** 299.93
Todos os direitos reservados a:
Luiz Antonio dos Santos ME / Booklas
Nenhuma parte deste livro pode ser reproduzida, armazenada num sistema de recuperação ou transmitida por qualquer meio — eletrônico, mecânico, fotocópia, gravação ou outro — sem a autorização prévia e expressa do detentor dos direitos autorais.

Sumário

Índice Sistemático 5
Prologo 10
Capítulo 1   O Que São os Dragões? 13
Capítulo 2   Dragões na História e nas Mitologias 19
Capítulo 3   Dragões no Esoterismo e na Espiritualidade 25
Capítulo 4   Por Que Eles Partiram? 32
Capítulo 5   O Retorno dos Dragões 38
Capítulo 6   Os Dragões e os Quatro Elementos 44
Capítulo 7   Dragões de Fogo 50
Capítulo 8   Dragões de Água 55
Capítulo 9   Dragões de Terra 60
Capítulo 10 Dragões de Ar 65
Capítulo 11 O Despertar Espiritual e os Dragões 71
Capítulo 12 Portais Energéticos 78
Capítulo 13 Conexão com os Dragões 88
Capítulo 14 Dragões como Guardiões Espirituais 95
Capítulo 15 Evolução da Consciência 102
Capítulo 16 Dragões e a Energia Kundalini 109
Capítulo 17 Dragões e a Proteção do Planeta 116
Capítulo 18 Dragões na Magia e nos Rituais 123
Capítulo 19 Encontros com Dragões 130
Capítulo 20 As Linhagens Dracônicas 137
Capítulo 21 Guardiões das Linhas Temporais 144
Capítulo 22 Dragões Interdimensionais e o Multiverso 151

Capítulo 23 Dragões na Nova Era 157
Capítulo 24 Meditações com Dragões 164
Capítulo 25 Invocações e Círculos de Energia 171
Capítulo 26 Como Honrar os Dragões 177
Capítulo 27 Mensagens do Inconsciente 182
Capítulo 28 Desenvolvimento Pessoal 187
Capítulo 29 Como Sentir a Presença dos Dragões 192
Capítulo 30 Os Mestres e Guardiões 197
Capítulo 31 O Chamado Final 202
Epílogo 207

Índice Sistemático

Capítulo 1: O Que São os Dragões? - Aborda a representação dos dragões como arquétipos profundos que simbolizam forças primordiais, influenciando o mundo e a existência humana.

Capítulo 2: Dragões na História e nas Mitologias - Examina a presença dos dragões em diversas culturas e mitologias ao longo da história, revelando seu significado como representações poderosas da relação humana com o desconhecido.

Capítulo 3: Dragões no Esoterismo e na Espiritualidade - Explora a manifestação dos dragões como uma força viva que influencia a jornada humana em níveis sutis e profundos, dentro do esoterismo e da espiritualidade.

Capítulo 4: Por Que Eles Partiram? - Discute as teorias sobre o desaparecimento dos dragões do plano visível, abordando desde explicações místicas até a ideia de que eles se retiraram para dimensões superiores devido ao declínio da consciência espiritual da humanidade.

Capítulo 5: O Retorno dos Dragões - Explora a profecia do retorno dos dragões, conectando-o à transformação planetária, elevação da consciência humana e restauração do equilíbrio energético da Terra.

Capítulo 6: Os Dragões e os Quatro Elementos - Descreve a profunda conexão dos dragões com os quatro elementos primordiais - fogo, água, terra e ar - e seu papel como guardiões e catalisadores dessas energias.

Capítulo 7: Dragões de Fogo - Explora a energia dos dragões de fogo, associada à transformação, coragem e força interior, e seu papel como agentes de mudança e renovação.

Capítulo 8: Dragões de Água - Aborda os dragões de água, que representam o fluxo emocional, a intuição e a conexão com o inconsciente, atuando como guias para a cura e o equilíbrio emocional.

Capítulo 9: Dragões de Terra - Descreve os dragões de terra, que simbolizam a estabilidade, a força e a conexão com as energias da Terra, oferecendo segurança e estrutura.

Capítulo 10: Dragões de Ar - Explora os dragões de ar, que representam a liberdade, a sabedoria e a expansão da consciência, atuando como mensageiros do conhecimento cósmico e inspirando a busca pelo entendimento.

Capítulo 11: O Despertar Espiritual e os Dragões - Examina a ligação entre os dragões e o despertar espiritual, descrevendo como essas entidades atuam como guias e catalisadores no processo de autodescoberta e expansão da consciência.

Capítulo 12: Portais Energéticos - Explora a conexão entre os dragões e os portais energéticos da

Terra, descrevendo como essas entidades atuam como guardiãs e protetoras desses locais de poder.

Capítulo 13: Conexão com os Dragões - Detalha como a conexão com os dragões se manifesta no plano sutil, acessível àqueles que desenvolvem a sensibilidade para perceber sua presença e interagir com sua energia.

Capítulo 14: Dragões como Guardiões Espirituais - Aborda a representação dos dragões como guardiões espirituais em diversas tradições esotéricas, enfatizando seu papel como protetores, orientadores e desafiadores no caminho da evolução.

Capítulo 15: Evolução da Consciência - Discute a evolução da consciência humana e o papel dos dragões como forças que impulsionam a transformação e guiam em direção a estados mais elevados de percepção.

Capítulo 16: Dragões e a Energia Kundalini - Explora a conexão entre os dragões e a energia kundalini, descrevendo como ambos representam forças primordiais de poder e transformação.

Capítulo 17: Dragões e a Proteção do Planeta - Discute o papel dos dragões na proteção e equilíbrio do planeta, abordando sua ligação com os elementos naturais e sua atuação na manutenção da harmonia ambiental.

Capítulo 18: Dragões na Magia e nos Rituais - Explora a presença dos dragões na magia e nos rituais, descrevendo seu papel como guardiões do conhecimento oculto e condutores de energias primordiais.

Capítulo 19: Encontros com Dragões - Descreve como os encontros com dragões se manifestam no plano espiritual, incluindo sonhos lúcidos, meditações profundas e projeções astrais, e o impacto transformador dessas experiências.

Capítulo 20: As Linhagens Dracônicas - Aborda o conceito de linhagens dracônicas, explorando como a conexão com os dragões pode ser uma herança espiritual transmitida através de gerações, influenciando o caráter e a missão de vida de certas pessoas.

Capítulo 21: Guardiões das Linhas Temporais - Discute a ligação entre os dragões e o tempo, apresentando-os como guardiões de passagens interdimensionais que protegem o equilíbrio das linhas temporais e asseguram a evolução da humanidade.

Capítulo 22: Dragões Interdimensionais e o Multiverso - Aborda os dragões interdimensionais e sua conexão com o multiverso, descrevendo-os como viajantes cósmicos que transitam entre diferentes planos de existência e auxiliam no despertar da consciência multidimensional.

Capítulo 23: Dragões na Nova Era - Examina o papel dos dragões na Nova Era, conectando seu ressurgimento com o despertar de um conhecimento ancestral e a expansão da consciência humana para além da visão materialista.

Capítulo 24: Meditações com Dragões - Explora a prática da meditação como um meio de conectar-se com a energia dos dragões, buscando seus ensinamentos e sabedoria ancestral.

Capítulo 25: Invocações e Círculos de Energia - Descreve o processo de invocar a presença dos dragões e criar círculos de energia como um caminho para aprofundar a conexão com essas entidades e buscar sua orientação.

Capítulo 26: Como Honrar os Dragões - Explora as diferentes formas de honrar os dragões, desde oferendas simbólicas até atitudes cotidianas, visando estabelecer uma conexão autêntica e respeitosa com essas entidades.

Capítulo 27: Mensagens do Inconsciente - Analisa a presença dos dragões nos sonhos como uma forma de comunicação do inconsciente, revelando mensagens e insights para o autoconhecimento e a transformação pessoal.

Capítulo 28: Desenvolvimento Pessoal - Explora como a energia dos dragões impulsiona o desenvolvimento pessoal, fortalecendo a autoconfiança, a resiliência e a capacidade de superar desafios.

Capítulo 29: Como Sentir a Presença dos Dragões - Apresenta diferentes formas de perceber a presença dos dragões, desde sinais sutis no ambiente até experiências mais intensas, como sonhos e intuições.

Capítulo 30: Os Mestres e Guardiões - Descreve os dragões como mestres espirituais e guardiões do conhecimento sagrado, que testam e orientam aqueles que buscam a evolução da consciência.

Capítulo 31: O Chamado Final - Reflete sobre a jornada de conexão com os dragões, enfatizando a necessidade de comprometimento, coragem e entrega para receber sua presença e ensinamentos.

Prologo

Com grande convicção, apresento aos leitores uma obra fundamental para a compreensão de um dos mistérios mais persistentes da história humana: os dragões. Longe das fantasias superficiais que povoam o imaginário popular, este livro revela a verdadeira natureza dessas criaturas majestosas, desvendando seu papel crucial no equilíbrio energético do nosso planeta e em nossa própria evolução espiritual.

Desde tempos imemoriais, a figura do dragão ecoa nas mitologias de culturas espalhadas por todo o globo, mesmo aquelas que jamais tiveram contato entre si. Essa universalidade não é mera coincidência. Ela atesta uma realidade ancestral, um conhecimento profundo que reside no âmago da nossa consciência coletiva. A serpente alada Quetzalcoatl, os dragões celestiais da China, o temível Leviatã e os guardiões de tesouros europeus são manifestações distintas de uma mesma verdade primordial: os dragões são seres elementais, forças da natureza personificadas, intrinsecamente ligados à nossa saúde espiritual.

Os dragões são muito mais do que invenções da fantasia. Eles são seres de alta frequência vibracional, entidades elementais que compartilharam nosso planeta por eras. A visão holística aqui apresentada demonstra que o crescente afastamento da humanidade de sua própria essência espiritual, a nossa desconexão com a natureza e a busca incessante por um materialismo vazio criaram uma dissonância energética que tornou nosso mundo inóspito para essas criaturas de pura energia. Foi essa desconexão que levou ao seu afastamento do nosso plano de existência.

No entanto, o autor, com profundo conhecimento e sensibilidade, revela que estamos em um momento de transição crucial. O despertar de uma nova consciência espiritual em diversos setores da sociedade, o renovado interesse pela natureza e a busca por um propósito de vida mais elevado estão, gradualmente, restaurando a harmonia vibracional do nosso planeta. E com essa restauração, surge a forte convicção, amparada por evidências e intuições crescentes, de que os dragões estão retornando.

É fundamental compreender que um encontro com um dragão verdadeiro não se assemelha às representações cinematográficas de batalhas épicas contra feras escamosas. Os dragões, em sua natureza elemental, manifestam-se principalmente no plano energético e espiritual. As experiências daqueles que sentiram sua presença são diversas e profundas: sensações de calor intenso, ondas de energia vibrante, uma presença imponente e protetora, sonhos reveladores, intuições claras e a percepção de símbolos carregados de significado.

Estes seres não são meros guardiões de tesouros materiais, mas sim guardiões de sabedoria ancestral e portadores de um poder transformador imenso. Seu retorno não é uma ameaça, mas sim um chamado. Um convite para que a humanidade reacenda sua chama espiritual, para que restaure o equilíbrio com a teia da vida e para que abrace um futuro de maior consciência e harmonia.

Este livro não é uma teoria vaga, mas sim uma exposição clara e afirmativa sobre a verdadeira natureza dos dragões. O autor, com sua profunda compreensão do tema, apresenta evidências e insights que comprovam a existência desses seres elementais e seu papel vital em nossa jornada evolutiva. Ao desmistificar a imagem distorcida perpetuada pela cultura popular, esta obra oferece uma nova perspectiva, convidando o leitor a abrir sua mente e seu coração para uma realidade muito mais rica e misteriosa do que jamais imaginou.

Se você sempre sentiu uma inexplicável conexão com os dragões, se intuições profundas o guiaram até este livro, ou se simplesmente busca uma compreensão mais profunda das forças que moldam o nosso mundo, então você está pronto para receber a verdade aqui revelada. Prepare-se para uma jornada de descoberta que o fará enxergar o mundo – e a si mesmo – sob uma nova luz.

Com a certeza de que esta obra transformará a sua percepção,
Luiz Santos
Editor

Capítulo 1
O Que São os Dragões?

Os dragões são mais do que meras criaturas da fantasia; representam arquétipos profundos que atravessam culturas e eras, simbolizando forças primordiais que influenciam o mundo e a própria existência humana. Em sua essência, eles incorporam a dualidade entre destruição e criação, caos e ordem, desafio e iluminação. Desde as mais antigas civilizações, suas histórias se entrelaçam com mitos de deuses, heróis e sábios, sugerindo que sua presença transcende o plano meramente mitológico. Alguns os veem como seres físicos que outrora caminharam entre os homens, enquanto outros os compreendem como manifestações energéticas, guardiões de conhecimento ancestral e portadores de verdades ocultas. Suas representações variam amplamente, mas sempre carregam consigo um sentido de poder incomensurável e mistério insondável, reforçando a ideia de que não são apenas figuras imaginárias, mas sim símbolos que ressoam com aspectos fundamentais da jornada humana.

Ao longo da história, os dragões foram descritos de maneiras distintas, dependendo da cultura que os registrava. No Ocidente, sua imagem foi amplamente associada ao terror e à destruição, retratados como feras colossais que cuspem fogo e devastam reinos inteiros. Muitas lendas medievais os colocam como obstáculos a serem vencidos por bravos cavaleiros, reforçando a metáfora do enfrentamento dos próprios medos e limitações. Já no Oriente, especialmente na tradição chinesa e japonesa, os dragões são reverenciados como entidades benevolentes, conectadas às forças naturais e ao equilíbrio universal. São vistos como seres sábios, portadores de fortuna e proteção, influenciando colheitas, rios e até o destino das nações. Essas diferenças refletem não apenas visões distintas sobre o desconhecido, mas também a maneira como cada civilização encarava os desafios da existência e o papel das forças que regem o cosmos.

Além das lendas e interpretações mitológicas, muitas tradições esotéricas e espirituais consideram os dragões como entidades que transcendem a fisicalidade, existindo em dimensões sutis e interagindo com aqueles que estão preparados para compreender sua energia. São descritos como guardiões do conhecimento sagrado, protetores de portais dimensionais e aliados daqueles que buscam a verdade além das aparências. Essa visão atribui aos dragões uma função muito além da figura mítica de bestas colossais, inserindo-os em um contexto de transformação espiritual e conexão com forças superiores. A relação entre os humanos e os dragões, nesse sentido, não se dá por meio de dominação ou submissão, mas sim de aprendizado e evolução. Aqueles que se permitem compreender sua presença acessam uma sabedoria profunda, capaz de iluminar caminhos e revelar verdades que permanecem ocultas para a maioria.

A mitologia e o folclore os descrevem como seres imensos, muitas vezes alados, com escamas resistentes, garras afiadas e olhos que carregam a intensidade de uma chama eterna. No Ocidente, a imagem mais comum é a do dragão cuspidor de fogo, símbolo de poder e destruição. No Oriente, especialmente na China e no Japão, os dragões são seres celestiais, associados à fortuna, à sabedoria e ao equilíbrio das forças naturais. Esses contrastes revelam algo essencial: os dragões não são apenas figuras mitológicas, mas representações arquetípicas de forças primordiais que a humanidade sempre buscou compreender.

Nos círculos esotéricos e holísticos, os dragões são vistos como energias conscientes, detentores de conhecimento ancestral e guardiões de portais interdimensionais. Eles não pertencem apenas ao plano material, mas transitam entre dimensões, influenciando eventos e indivíduos quando necessário. Acredita-se que aqueles que conseguem sintonizar sua energia podem acessar informações ocultas, proteção espiritual e um poder interior que transcende a compreensão comum.

As antigas civilizações registraram histórias que sugerem encontros reais com esses seres. Em tradições mesopotâmicas, a deusa Tiamat, descrita como um dragão primordial, simbolizava o caos primordial que antecedia a criação do mundo. Nas escrituras hindus, a serpente cósmica Ananta Shesha sustenta o universo e serve de trono para Vishnu, representando a ordem suprema. Na Escandinávia, a figura do dragão Nidhogg aparece como uma entidade que rói as raízes da árvore Yggdrasil, conectando-se à ideia de ciclos de destruição e renovação.

Muitas dessas narrativas não falam apenas de entidades físicas, mas de forças cósmicas atuantes na existência. Os dragões podem ser entendidos como símbolos de transformação, transmutação e elevação espiritual. Quem se conecta com sua energia aprende a lidar com os próprios desafios, a superar medos e a expandir a consciência para além das limitações impostas pelo mundo material.

Na visão holística, os dragões representam os elementos fundamentais da natureza. Cada um deles se manifesta em uma frequência energética distinta, influenciando não apenas a realidade ao redor, mas também a maneira como as pessoas interagem com suas próprias emoções e desafios internos. A presença de um dragão de fogo, por exemplo, traz a força da transmutação, queimando aquilo que não serve mais e impulsionando o crescimento pessoal. Os dragões de água fluem com a intuição e a sensibilidade, auxiliando na conexão com o inconsciente e na clareza emocional. Os dragões de terra sustentam e protegem, garantindo estabilidade e estrutura. Os dragões de ar expandem a mente, favorecendo a comunicação e a conexão com dimensões superiores.

Muitas linhagens espirituais afirmam que os dragões nunca deixaram a Terra, mas apenas recuaram para planos mais sutis, aguardando o momento certo para se manifestarem novamente. Com o atual despertar espiritual da humanidade, algumas pessoas relatam sonhos intensos com dragões, visões durante estados meditativos e até experiências energéticas que indicam uma reaproximação. Em algumas tradições, acredita-se que os dragões só se apresentam para aqueles que estão prontos para receber seu ensinamento, pois seu poder não pode ser tratado com leviandade.

Os guardiões dracônicos não servem a caprichos humanos, nem respondem a invocações banais. Eles aparecem quando a alma está preparada, quando há um propósito real de evolução e quando a conexão estabelecida visa um crescimento genuíno. Essa relação não é de dominação, mas de aprendizado mútuo. A pessoa que se conecta com um dragão experimenta um processo de transformação profunda, pois sua presença ilumina verdades ocultas e desafia tudo o que é ilusório.

A tradição de que os dragões guardam tesouros é uma metáfora poderosa dentro do esoterismo. O ouro que protegem não é físico, mas representa o conhecimento oculto, a verdade suprema que poucos são capazes de acessar. Para alcançar esse tesouro, é preciso passar por provações, confrontar as próprias sombras e demonstrar coragem diante do desconhecido. O dragão não entrega sua sabedoria para aqueles que buscam atalhos ou recompensas fáceis. Apenas os verdadeiramente comprometidos com sua jornada espiritual podem cruzar o limiar de sua presença.

Os antigos sabiam que os dragões representavam muito mais do que feras míticas. Em diversas culturas, reis, imperadores e xamãs buscavam sua bênção e sua orientação. No Oriente, os imperadores chineses se declaravam descendentes do dragão, o que lhes conferia autoridade e sabedoria divina. No Ocidente, os cavaleiros que enfrentavam dragões simbolizavam a luta contra seus próprios medos e limitações. Nas tribos indígenas, a serpente alada era vista como um espírito ancestral que guiava os iniciados pelos mistérios da existência.

Aqueles que sentem um chamado para compreender os dragões no contexto holístico precisam se aprofundar em sua simbologia, mas, mais do que isso, devem aprender a sentir sua presença. O contato com essas energias não se dá apenas por meio da mente racional, mas através da percepção sensível e da entrega ao processo de conexão espiritual. Algumas práticas podem facilitar essa aproximação, como a meditação focada, o estudo dos elementos naturais e a busca pelo autoconhecimento.

Os dragões representam o princípio e o fim, o caos e a ordem, o mistério e a revelação. Eles existem em uma frequência além da compreensão comum, mas se fazem presentes para aqueles que realmente desejam trilhar o caminho da sabedoria. No momento certo, eles se manifestam, guiando os que estão prontos para despertar para uma realidade muito maior do que aquela que os olhos podem ver.

Capítulo 2
Dragões na História e nas Mitologias

Desde os primórdios da humanidade, os dragões emergiram como símbolos enigmáticos que atravessaram culturas e civilizações sem qualquer contato entre si. A recorrência dessas criaturas em mitologias tão diversas levanta questões intrigantes: seriam apenas produtos da imaginação coletiva ou vestígios de algo mais profundo, uma memória ancestral compartilhada? A forma como foram retratados variou amplamente, mas sua presença esteve sempre ligada a forças fundamentais do universo, seja como agentes de destruição, guardiões de sabedoria ou entidades cósmicas que equilibram a ordem e o caos. Seu significado transcendeu o tempo, influenciando desde as primeiras escrituras até os mitos modernos, demonstrando que os dragões não são apenas seres míticos, mas representações poderosas da relação humana com o desconhecido.

As primeiras civilizações deixaram registros que apresentam os dragões como figuras primordiais, associadas ao início da criação e à estruturação do cosmos. Nas culturas mesopotâmicas, egípcias e hindus, os dragões e serpentes colossais personificavam tanto o caos primordial quanto a sabedoria eterna. Essas entidades eram vistas como forças vivas que moldavam a realidade, e sua presença nos mitos não era casual: representavam o elo entre os domínios espirituais e materiais, influenciando desde o equilíbrio das forças naturais até os destinos humanos. Em algumas tradições, os dragões eram seres de desafio, exigindo coragem e sacrifício daqueles que buscavam superá-los; em outras, eram venerados como fontes de poder e conhecimento, acessíveis apenas aos dignos de sua presença.

Independentemente da forma que assumiram ao longo das eras, os dragões permaneceram como símbolos de poder oculto e transformação. Suas representações variam desde seres demonizados nas tradições ocidentais até divindades celestiais na mitologia oriental, revelando que sua essência sempre refletiu os valores e crenças das sociedades que os evocaram. Ao analisarmos as histórias e os mitos que os cercam, percebemos que os dragões não são apenas criaturas fantásticas, mas arquétipos profundos que continuam a influenciar a psique humana e o entendimento espiritual. A busca por seu significado real vai além da mitologia, conectando-se ao mistério da existência e ao desejo humano de compreender as forças invisíveis que regem o mundo.

Na Mesopotâmia, um dos primeiros registros escritos da humanidade, encontramos o mito da deusa Tiamat. Representada como um dragão colossal, Tiamat simbolizava o caos primordial do qual o mundo foi gerado. Sua batalha contra Marduk, o deus da ordem, tornou-se uma metáfora do equilíbrio entre a criação e a destruição, uma ideia que se repetiria em outras mitologias. A figura do dragão como um ser caótico e poderoso, muitas vezes combatido por uma divindade heroica, se enraizou em diversas culturas posteriores.

No Egito Antigo, Apófis, a serpente do caos, ameaçava devorar o sol durante sua jornada noturna pelo submundo. Apenas a força de Rá, o deus solar, mantinha essa entidade dracônica sob controle. A batalha constante entre Rá e Apófis representava o ciclo eterno do dia e da noite, da ordem e do caos, demonstrando que os dragões estavam associados a aspectos cósmicos fundamentais.

Na tradição hindu, a figura dos nagas se destaca. Esses seres serpentinos, frequentemente descritos como meio-humanos, meio-dragões, são considerados guardiões da sabedoria e dos rios sagrados. A serpente cósmica Ananta Shesha, sobre a qual Vishnu repousa, representa a eternidade e a sustentação do universo. Diferente das narrativas ocidentais, onde os dragões são frequentemente antagonistas, na cultura védica eles assumem um papel de equilíbrio e proteção.

A mitologia chinesa elevou os dragões a um nível celestial, tornando-os símbolos de sabedoria, prosperidade e autoridade divina. Diferente das representações ocidentais, os dragões chineses não eram necessariamente alados, mas serpentiformes, e governavam os elementos naturais. O dragão azul dominava as águas e as chuvas, sendo reverenciado por imperadores que buscavam manter a harmonia climática em seus reinos. Em templos e festivais, a presença dos dragões simbolizava sorte e renovação, reforçando a crença de que eram seres benevolentes e indispensáveis para a ordem cósmica.

Os povos nórdicos possuíam uma visão mais sombria dos dragões, frequentemente associados à destruição e à avareza. Nidhogg, um dos mais temidos, roía as raízes de Yggdrasil, a árvore do mundo, ameaçando o equilíbrio do universo. A presença de dragões como Fafnir, cuja cobiça o transformou em um monstro maligno, reforçava a ideia de que esses seres representavam desafios para os heróis, sendo símbolos das tentações e dos obstáculos da jornada espiritual.

Na tradição cristã, o dragão assumiu um papel demonizado. A iconografia medieval frequentemente retratava São Jorge derrotando um dragão, um símbolo da vitória da fé sobre as forças do mal. O Apocalipse descreve Satanás como um grande dragão vermelho, enfatizando a ideia de que essas criaturas estavam associadas ao perigo e à heresia. Essa interpretação contrastava fortemente com a visão oriental, onde os dragões eram honrados e respeitados.

As culturas indígenas da América também possuíam relatos sobre serpentes aladas e dragões. Os astecas veneravam Quetzalcóatl, a serpente emplumada, como um deus criador e benevolente, responsável pela transmissão do conhecimento e da civilização. Os maias tinham a figura de Kukulkán, uma divindade semelhante, que também governava os céus e as águas. Essas entidades dracônicas eram associadas à fertilidade e à renovação, mostrando uma abordagem mais espiritualizada sobre o tema.

Se os dragões tivessem sido apenas invenções mitológicas, por que surgiriam em culturas tão distantes, com características tão similares? Alguns estudiosos esotéricos acreditam que os dragões podem ter sido seres reais, presentes em tempos remotos, e que sua retirada do plano físico teria dado origem a essas lendas. Outros defendem que os dragões representam arquétipos do inconsciente humano, manifestando-se como símbolos da força interior e do caminho de evolução pessoal.

O que fica claro é que os dragões desempenharam um papel crucial na construção da cosmovisão dos povos antigos. Sejam vistos como guardiões, adversários ou divindades, sua presença influenciou religiões, rituais e a própria estrutura dos mitos. A maneira como foram compreendidos variou conforme a cultura, mas seu significado profundo permaneceu: os dragões simbolizam o poder latente, o conhecimento oculto e a transformação.

Muitos ocultistas e estudiosos modernos tentam resgatar a verdadeira essência dos dragões, livrando-os das distorções e dos temores propagados por influências culturais e religiosas posteriores. Em algumas tradições espirituais contemporâneas, há um esforço para reconectar-se com a energia dracônica, buscando compreender o que essas entidades representavam para os antigos e como sua sabedoria pode ser aplicada no despertar da consciência humana.

A história dos dragões não pertence apenas ao passado. Suas influências podem ser sentidas ainda hoje, seja no simbolismo dos sonhos, nas práticas espirituais ou na busca por um entendimento mais profundo da realidade. Compreender as múltiplas facetas dos dragões ao longo da história nos permite enxergar além das representações convencionais, acessando um conhecimento ancestral que pode revelar verdades esquecidas sobre o próprio caminho da humanidade.

Capítulo 3
Dragões no Esoterismo e na Espiritualidade

A presença dos dragões na espiritualidade e no esoterismo transcende as fronteiras das lendas e mitologias, manifestando-se como uma força viva que influencia a jornada humana em níveis sutis e profundos. Em diversas tradições ocultistas, esses seres são reconhecidos como guardiões do conhecimento ancestral, detentores de uma sabedoria que remonta à origem do cosmos. Para muitos estudiosos do ocultismo, os dragões não são apenas figuras simbólicas, mas consciências interdimensionais que interagem com aqueles que demonstram maturidade espiritual para acessar sua energia. Sua conexão com os elementos da natureza, com os ciclos de transformação e com os mistérios do universo faz deles entidades poderosas, capazes de auxiliar no desenvolvimento pessoal e na expansão da consciência. Quem busca compreender sua verdadeira essência percebe que os dragões representam um chamado ao autoconhecimento, desafiando os indivíduos a enfrentarem suas sombras e transcendê-las.

Ao longo da história, diferentes escolas esotéricas e tradições espirituais associaram os dragões a forças primordiais de transmutação e evolução. Na Alquimia, por exemplo, o dragão simboliza o processo de purificação e renascimento, sendo um arquétipo fundamental na busca pela Pedra Filosofal. O Ouroboros, representado por um dragão ou serpente devorando a própria cauda, expressa a natureza cíclica da existência, a fusão entre o início e o fim, a dissolução do ego e a integração do ser com o todo. Já no Hermetismo, os dragões são vistos como protetores do conhecimento oculto, garantindo que apenas aqueles preparados possam acessar os segredos da criação. Muitas ordens místicas descrevem os dragões como seres que atuam nos planos superiores, orientando aqueles que demonstram disciplina, respeito e compreensão sobre sua natureza energética.

A conexão com os dragões pode ocorrer de diversas formas, seja por meio de sonhos reveladores, visões durante estados meditativos ou experiências energéticas que evidenciam sua presença. Algumas tradições mágicas utilizam rituais específicos para estabelecer um vínculo com essas entidades, evocando sua energia para proteção, orientação e fortalecimento espiritual. Em práticas xamânicas, os dragões são considerados espíritos ancestrais que auxiliam na cura, na transição entre dimensões e na harmonia entre corpo, mente e espírito. O despertar da energia dracônica, no entanto, não ocorre de maneira aleatória ou superficial: ele exige comprometimento, coragem e um coração aberto para compreender as transformações que esses seres podem trazer. Ao se conectar com um dragão, o praticante inicia uma jornada de autodescoberta, onde ilusões são dissolvidas e verdades profundas são reveladas. É um caminho de poder, mas também de grande responsabilidade, reservado àqueles que estão prontos para trilhar um percurso de evolução genuína.

Ao longo da história, escolas de mistério e sociedades ocultistas descreveram os dragões como entidades interdimensionais, possuindo uma sabedoria que remonta aos primórdios da criação. Algumas tradições afirmam que os dragões não são apenas figuras mitológicas, mas consciências vivas que residem em planos sutis e se manifestam para aqueles que possuem a vibração necessária para interagir com sua energia. Essa visão sugere que os dragões não partiram da Terra, mas apenas se afastaram dos olhos humanos, aguardando o momento em que a humanidade esteja pronta para receber seu ensinamento novamente.

Nos estudos da Alquimia, os dragões são frequentemente representados como símbolos de transformação e transmutação. A figura do dragão devorando sua própria cauda, conhecida como **Ouroboros**, representa o ciclo eterno da vida, da morte e do renascimento. Esse símbolo é utilizado para ilustrar a natureza cíclica da existência e o processo de evolução espiritual pelo qual todo buscador deve passar. O dragão alquímico também está associado à chama interior que consome as impurezas do ser, permitindo que a essência verdadeira se manifeste.

Na tradição do Hermetismo, os dragões são descritos como guardiões do conhecimento sagrado, mantendo a sabedoria oculta fora do alcance daqueles que não estão preparados para recebê-la. Muitos textos esotéricos alertam que tentar acessar esse conhecimento sem preparação pode levar à destruição, pois a energia dos dragões é intensa e transformadora. Somente aqueles que demonstram disciplina, humildade e coragem podem atravessar os portais que levam à compreensão de seus mistérios.

No Xamanismo, os dragões são vistos como espíritos ancestrais que auxiliam os praticantes a navegar entre os mundos. Em algumas culturas indígenas, a serpente alada representa a sabedoria suprema e a conexão com os céus. Os xamãs que se comunicam com essas energias relatam que os dragões ensinam sobre o equilíbrio dos elementos e a harmonia entre o corpo, a mente e o espírito. O contato com essas forças exige respeito e compromisso, pois os dragões não respondem a invocações banais ou a pedidos egoístas.

No contexto das energias sutis, os dragões também são associados aos quatro elementos da natureza. Cada tipo de dragão vibra em uma frequência específica e manifesta uma energia correspondente:

Os **dragões de fogo** são símbolos de poder, transmutação e coragem. Eles auxiliam no despertar da força interior e na destruição de padrões limitantes.

Os **dragões de água** trabalham com a fluidez emocional, a intuição e a cura. Sua energia é suave, porém profunda, ajudando a dissolver bloqueios internos.

Os **dragões de terra** oferecem proteção e estabilidade, conectando aqueles que buscam segurança e estrutura em sua jornada espiritual.

Os **dragões de ar** expandem a consciência e favorecem a clareza mental, a comunicação com planos superiores e a compreensão de conhecimentos ocultos.

A conexão com os dragões pode se manifestar de diversas formas. Algumas pessoas relatam encontros com essas entidades em sonhos, onde os dragões aparecem como guias que transmitem mensagens ou ensinam lições importantes. Outras sentem sua presença durante estados meditativos, percebendo imagens, sensações térmicas ou vibrações energéticas intensas. Há também aqueles que canalizam sua energia durante rituais, utilizando símbolos específicos, mantras e visualizações para estabelecer um contato mais profundo.

Uma das práticas espirituais mais comuns para se conectar com os dragões é a meditação dirigida. Nesse processo, o praticante entra em um estado de relaxamento profundo e visualiza um dragão surgindo em seu campo energético. O objetivo não é controlar ou comandar a criatura, mas sim estar receptivo ao que ela deseja transmitir. A comunicação com os dragões ocorre de forma intuitiva, através de impressões sensoriais, imagens mentais ou até mesmo mensagens telepáticas.

Os dragões também aparecem em diversas tradições mágicas. Em algumas vertentes da magia cerimonial, são evocados como guardiões de portais interdimensionais ou como aliados em trabalhos de proteção e fortalecimento energético. No druidismo e em práticas pagãs, os dragões estão ligados às forças primordiais da Terra e podem ser honrados através de rituais naturais. Algumas ordens esotéricas utilizam sigilos e runas específicas para invocar sua presença e obter orientação espiritual.

O retorno dos dragões à consciência coletiva é visto por muitos espiritualistas como um sinal da mudança vibracional do planeta. Há quem diga que esses seres estão se manifestando novamente porque a humanidade está despertando para um novo nível de consciência. A elevação da energia planetária tornaria possível o contato mais direto com os dragões, permitindo que suas mensagens e ensinamentos fossem compreendidos de maneira mais clara.

Nem todos estão preparados para essa conexão. A energia dos dragões exige responsabilidade, pois sua influência pode acelerar processos internos e trazer à tona aspectos que precisam ser trabalhados. Muitos que buscam esse contato sem estarem prontos acabam enfrentando desafios inesperados, pois a presença dracônica expõe ilusões e padrões limitantes que precisam ser transformados. Aqueles que desejam trilhar esse caminho devem estar dispostos a encarar sua própria sombra e passar por um processo de purificação e fortalecimento espiritual.

O estudo dos dragões no esoterismo e na espiritualidade não se limita a crenças ou dogmas. Ele representa um chamado para aqueles que sentem uma afinidade profunda com esses seres e desejam compreender seu papel na evolução humana. A energia dracônica não pertence a uma única tradição, mas se manifesta de formas variadas, sempre guiando aqueles que buscam a verdade além das aparências.

Para aqueles que sentem a presença dos dragões e desejam aprofundar essa conexão, o caminho está aberto. Requer paciência, respeito e a disposição para aprender com essas entidades ancestrais. Os dragões são mestres exigentes, mas também são aliados poderosos para aqueles que realmente compreendem sua essência e aceitam a jornada que oferecem.

Capítulo 4
Por Que Eles Partiram?

A relação entre os dragões e a humanidade sempre esteve envolta em mistério, sendo retratada em mitos e tradições que atravessam o tempo. Durante eras, esses seres foram considerados guardiões do conhecimento, aliados espirituais e forças cósmicas que atuavam tanto no plano material quanto nos reinos sutis da existência. No entanto, em algum ponto da história, os relatos de encontros com dragões se tornaram raros, suas presenças deixaram de ser registradas, e a humanidade passou a tratá-los como figuras meramente lendárias. O que teria acontecido para que esses seres aparentemente desaparecessem? Essa questão ressoa em diversas correntes esotéricas, que buscam respostas não apenas na história, mas também nos planos espirituais e nas leis ocultas que regem a realidade.

Uma das explicações mais difundidas dentro das tradições místicas sugere que os dragões nunca partiram de fato, mas apenas se ocultaram em dimensões superiores ou estados vibracionais que escapam à percepção comum. De acordo com essa visão, sua retirada do mundo visível estaria diretamente ligada ao declínio da consciência espiritual da humanidade. Em tempos remotos, civilizações avançadas como Atlântida e Lemúria teriam mantido contato direto com os dragões, utilizando seu conhecimento para expandir sua compreensão do universo e desenvolver habilidades extraordinárias. No entanto, à medida que essas sociedades começaram a abusar desse poder, ignorando os princípios de equilíbrio e respeito que sustentavam essa relação, os dragões teriam se afastado, protegendo-se da corrupção humana e evitando que sua sabedoria fosse mal utilizada.

Outra teoria sugere que a partida dos dragões não foi voluntária, mas sim imposta por forças que temiam sua influência. Algumas tradições falam sobre um tempo de grandes conflitos espirituais, nos quais seres poderosos buscaram subjugar ou aprisionar os dragões, selando sua energia em locais ocultos ou reduzindo sua presença a um estado latente. Essas histórias mencionam a existência de portais e vórtices energéticos onde a essência dracônica permanece adormecida, aguardando o momento adequado para despertar novamente. Algumas culturas interpretam montanhas, cavernas sagradas e até certas formações rochosas como vestígios petrificados desses seres, sugerindo que sua presença ainda pode ser sentida por aqueles que possuem sensibilidade energética suficiente para percebê-los. Seja qual for a explicação, o afastamento dos dragões da realidade humana representou mais do que um simples desaparecimento – marcou uma mudança profunda na conexão entre a humanidade e as forças primordiais do universo.

Algumas correntes esotéricas afirmam que os dragões nunca partiram, apenas se retiraram do plano visível, ocultando-se em dimensões superiores ou em estados vibracionais que a maioria dos seres humanos não consegue perceber. De acordo com essa visão, a humanidade perdeu a capacidade de interagir com os dragões porque sua própria vibração se tornou densa e desconectada das energias sutis que regem os planos espirituais. À medida que a consciência coletiva se afastou dos princípios naturais e sagrados, os dragões recuaram para proteger a própria existência e evitar o uso indevido de seu poder.

Muitos relatos místicos sugerem que houve um tempo em que humanos e dragões coexistiam harmoniosamente. Civilizações antigas, como os lemurianos e atlantes, teriam mantido uma conexão direta com esses seres, utilizando sua sabedoria para expandir sua compreensão do universo e desenvolver tecnologias espirituais avançadas. No entanto, quando essas civilizações começaram a entrar em colapso devido ao abuso do conhecimento e da energia, os dragões teriam se afastado gradualmente, deixando apenas vestígios de sua presença em mitos e lendas.

Outra teoria esotérica sugere que os dragões não apenas partiram, mas foram selados ou aprisionados por forças que temiam seu poder. Há relatos que indicam a existência de portais ou locais específicos onde a energia dracônica permanece adormecida, aguardando o momento certo para despertar. Algumas tradições falam sobre dragões petrificados, cujos corpos teriam se tornado montanhas, ilhas ou formações rochosas que ainda carregam sua vibração ancestral. Locais como a Muralha do Dragão na China ou certas cadeias montanhosas ao redor do mundo são apontados como possíveis vestígios dessas entidades adormecidas.

O desaparecimento dos dragões também pode ser compreendido sob um viés simbólico. Em diversas tradições espirituais, os dragões representam forças cósmicas de grande intensidade, muitas vezes ligadas ao despertar da consciência e à transformação pessoal. O afastamento dessas energias pode indicar um período da humanidade em que o foco se voltou para o materialismo, para a fragmentação do conhecimento e para a desconexão com as realidades sutis. A retirada dos dragões seria, portanto, uma metáfora para a perda da sabedoria ancestral e da capacidade de acessar dimensões mais elevadas da existência.

Algumas escolas esotéricas afirmam que os dragões não se foram definitivamente, mas permanecem acessíveis para aqueles que se dedicam a reencontrá-los. Para esses estudiosos, os dragões continuam atuando como guias espirituais e guardiões do conhecimento oculto, mas só se revelam àqueles que demonstram respeito e preparação. Relatos contemporâneos de experiências místicas sugerem que indivíduos iniciados em determinadas práticas conseguem estabelecer contato com os dragões por meio de sonhos, projeções astrais, meditações profundas e rituais específicos.

O desaparecimento dos dragões pode estar ligado à queda vibracional da humanidade. Muitas tradições espirituais sustentam que a Terra já passou por ciclos de alta frequência energética, onde os seres humanos possuíam maior conexão com os reinos espirituais e com as forças elementais. À medida que as sociedades avançaram em termos materiais, mas se desconectaram espiritualmente, a frequência do planeta diminuiu, dificultando o contato com entidades como os dragões. Isso explicaria por que, em tempos antigos, os dragões eram figuras tão presentes e, com o passar dos séculos, tornaram-se apenas mitos.

O retorno dos dragões tem sido mencionado em diversas canalizações espirituais modernas, indicando que esses seres estão gradualmente se reaproximando da humanidade. Essa ideia está alinhada com a teoria de que a Terra está passando por um novo processo de ascensão vibracional, permitindo que conexões espirituais antes perdidas sejam restabelecidas. Muitos espiritualistas acreditam que os dragões estão aguardando a humanidade recuperar sua consciência elevada para que possam voltar a interagir diretamente com aqueles que estiverem preparados.

A tradição tibetana preserva uma visão interessante sobre os dragões, associando-os às nuvens de tempestade e às mudanças climáticas. Os lamas afirmam que os dragões nunca desapareceram, mas continuam influenciando eventos naturais e se manifestam em momentos de grande transformação. De acordo com essa perspectiva, a energia dracônica pode ser sentida nos ciclos de renovação da Terra, nas mudanças abruptas de consciência e nas revelações que surgem durante períodos de transição global.

O estudo dos dragões dentro do esoterismo e da espiritualidade revela que essas entidades são muito mais do que figuras míticas. Representam forças ancestrais que moldam a realidade e que, em determinados momentos da história, estiveram mais próximas da humanidade. Seu aparente desaparecimento pode ser compreendido como um afastamento necessário, uma fase de silêncio antes de um novo ciclo de despertar. Para aqueles que desejam reencontrar os dragões, o caminho não está na busca externa, mas na reconexão com a sabedoria interior e na elevação da própria vibração espiritual.

Se os dragões realmente partiram, há indícios de que seu retorno está próximo. O crescente interesse pela espiritualidade, pela energia dos elementos e pela reconexão com o sagrado pode ser um sinal de que a humanidade está se preparando para esse reencontro. O chamado dos dragões nunca cessou completamente. Apenas esperou o momento certo para ser ouvido novamente.

Capítulo 5
O Retorno dos Dragões

A profecia do retorno dos dragões não é apenas um mito perdido nas páginas do tempo, mas um chamado que ressoa nas profundezas da consciência coletiva da humanidade. Desde as civilizações antigas, há relatos de que esses seres majestosos nunca desapareceram completamente, apenas se afastaram para reinos sutis, aguardando o momento certo para se manifestarem novamente. Seu retorno, segundo diversas tradições espirituais e esotéricas, está diretamente ligado à transformação planetária, à elevação da consciência humana e à restauração do equilíbrio energético da Terra. Os dragões representam forças primordiais que atuam nos bastidores da existência, e seu despertar seria um reflexo da necessidade de reconectar a humanidade com a sabedoria ancestral e com as leis naturais que regem o universo.

Diferentes culturas preservam narrativas que apontam para esse renascimento dracônico. Algumas linhagens esotéricas afirmam que os dragões estiveram em estado de dormência, protegendo-se da degradação espiritual da humanidade. Outros acreditam que sua energia nunca deixou de atuar, mas que apenas os verdadeiramente preparados conseguem percebê-los.

Relatos modernos de experiências espirituais indicam que muitas pessoas têm sentido a presença dos dragões em sonhos, meditações e práticas místicas, como se sua energia estivesse se tornando novamente acessível. Esses encontros não são meras coincidências, mas sinais de que a humanidade está recuperando sua capacidade de se sintonizar com forças sutis que estavam além de sua percepção.

O retorno dos dragões não deve ser interpretado como um evento físico, onde criaturas aladas surgem nos céus, mas sim como uma reativação da sua energia e influência sobre a Terra. Seu despertar simboliza um momento de transição, onde antigos conhecimentos são resgatados e novas possibilidades espirituais se abrem para aqueles que buscam a verdade. Aqueles que sentem esse chamado intuitivo são convidados a aprofundar sua conexão com esses seres, respeitando sua sabedoria e compreendendo que sua presença é um lembrete do poder interior que cada indivíduo carrega. O despertar dracônico é um processo interno e, ao mesmo tempo, um fenômeno coletivo que marca o início de uma nova era, onde o equilíbrio entre humanidade, natureza e cosmos pode ser restaurado.

Textos antigos e escritos ocultistas mencionam que a retirada dos dragões não foi um abandono, mas sim uma proteção. Algumas linhagens espirituais sustentam que os dragões, ao perceberem a degradação da consciência humana e o afastamento das leis naturais, decidiram se ocultar para evitar que seu conhecimento fosse corrompido ou utilizado para fins egoístas. Eles não poderiam permitir que seu poder fosse explorado por aqueles que buscavam dominação em vez de sabedoria. Assim, afastaram-se para outras dimensões ou reduziram sua vibração a um estado em que apenas os verdadeiramente preparados poderiam encontrá-los.

As profecias que falam do retorno dos dragões costumam estar associadas a períodos de grande transformação planetária. Algumas tradições espirituais indicam que esse retorno está diretamente ligado à ascensão da Terra para uma nova frequência vibracional. Com a humanidade despertando para uma consciência mais elevada, tornando-se mais receptiva às realidades sutis, os dragões poderiam estar se manifestando novamente para auxiliar nesse processo de transição. Esse conceito é frequentemente relacionado às mudanças energéticas que vêm sendo sentidas em todo o mundo, manifestadas no aumento da sensibilidade espiritual, na busca por reconexão com a natureza e no interesse crescente por conhecimentos ancestrais.

Algumas visões místicas sugerem que os dragões sempre estiveram próximos, mas adormecidos em locais específicos do planeta, aguardando o momento adequado para despertar. Locais sagrados, onde a energia da Terra é mais intensa, são frequentemente associados à presença dracônica. Há relatos de que certas montanhas, cavernas e ilhas possuem conexões diretas com essas entidades, sendo pontos de ativação para aqueles que sabem como acessá-los. Linhas ley, que são fluxos de energia que percorrem o planeta, também são mencionadas como caminhos pelos quais a força dos dragões pode retornar à superfície.

Na tradição chinesa, os dragões são ligados ao equilíbrio das forças naturais. Quando há desarmonia no mundo, diz-se que os dragões recuam para os céus ou mergulham nas profundezas da terra e dos oceanos, esperando que a ordem seja restaurada. Algumas interpretações sugerem que o retorno dos dragões não será visível no sentido físico, mas sim uma reativação de sua energia, influenciando o curso dos eventos humanos e despertando aqueles que possuem afinidade com sua vibração.

Muitos espiritualistas relatam que a presença dos dragões pode ser sentida novamente através de sonhos, meditações e experiências de expansão de consciência. Há relatos de pessoas que nunca haviam pensado nesses seres, mas que, subitamente, começaram a receber visões ou intuições ligadas a dragões. Algumas descrevem encontros em planos astrais, onde recebem ensinamentos ou instruções para preparar a humanidade para um novo ciclo de existência. Esses relatos não são isolados, e muitas culturas esotéricas os interpretam como sinais de que os dragões estão gradualmente retornando.

A relação entre os dragões e a transformação planetária pode ser observada também no impacto das mudanças que vêm ocorrendo na Terra. Eventos climáticos extremos, deslocamentos energéticos e crises globais são vistos por algumas linhagens espirituais como parte do processo de despertar, e os dragões estariam atuando nos bastidores para estabilizar essas transições. Em algumas tradições xamânicas, acredita-se que os dragões possuem influência direta sobre os elementos da natureza e que seu retorno coincide com momentos em que o equilíbrio natural precisa ser restaurado.

A ideia de que os dragões estão voltando também se manifesta simbolicamente no aumento do interesse por seu simbolismo. Cada vez mais pessoas buscam compreender sua essência, sentindo uma conexão intuitiva com esses seres, mesmo sem entender plenamente o motivo. Esse fenômeno pode ser interpretado como um chamado interno, um despertar gradual da consciência para realidades que estavam adormecidas.

Aqueles que acreditam na profecia do retorno dos dragões veem esse momento como uma oportunidade para recuperar a sabedoria esquecida. O conhecimento que os dragões guardam não é apenas sobre o cosmos ou os mistérios da existência, mas também sobre a própria essência humana. Eles ensinam sobre equilíbrio, coragem, transformação e conexão com as forças que regem o universo. Sua volta não deve ser encarada como um evento externo, mas como um processo interno, onde a humanidade precisa se tornar digna de acessar novamente essa sabedoria.

O retorno dos dragões não é apenas uma lenda antiga ou um mito simbólico. Para aqueles que sentem sua presença, é um lembrete de que a jornada espiritual da humanidade está entrando em um novo estágio. O despertar dracônico não acontecerá para todos, mas apenas para aqueles que buscarem essa conexão com honestidade e respeito. A energia dracônica não pode ser forçada, nem manipulada, mas pode ser recebida por aqueles que demonstram estar prontos para trilhar o caminho da sabedoria.

A profecia do retorno dos dragões não é um evento futuro, mas algo que já está em curso. Sua presença pode ser sentida por aqueles que estiverem atentos aos sinais, sejam eles sonhos, encontros sutis ou um chamado interno para buscar conhecimentos há muito esquecidos. O reencontro entre humanos e dragões representa não apenas a restauração de um vínculo antigo, mas também a ascensão para uma nova compreensão da existência e do papel da humanidade no equilíbrio cósmico.

Capítulo 6
Os Dragões e os Quatro Elementos

Os dragões são entidades ancestrais profundamente entrelaçadas às forças primordiais do universo, atuando como guardiões e catalisadores das energias fundamentais que sustentam toda a existência. Mais do que criaturas míticas, eles representam a manifestação consciente dos quatro elementos – fogo, água, terra e ar – sendo depositários de sabedoria e poder. Suas presenças são sentidas em todas as tradições espirituais e filosóficas que buscam compreender a estrutura energética do cosmos. Cada dragão ressoa com um elemento específico, canalizando suas forças e equilibrando as dinâmicas naturais que governam a realidade. Essa ligação não se limita à mitologia; ela reflete uma verdade oculta sobre a interconectividade entre os seres vivos e os fluxos energéticos que permeiam a criação. Desde tempos imemoriais, os dragões têm sido reverenciados como pontes entre os planos materiais e sutis, guiando aqueles que desejam se aprofundar na harmonia dos elementos e acessar os mistérios ocultos da existência.

A interação entre os dragões e os elementos não se dá apenas no nível simbólico, mas sim em uma relação vibracional que molda a maneira como essas forças se expressam no mundo. O fogo representa a chama da transformação e da vontade indomável, o impulso da criação e da renovação constante. A água simboliza a fluidez emocional e a sabedoria intuitiva, o reflexo do inconsciente e das profundezas da alma. A terra traduz a estabilidade, o alicerce da materialização e da proteção, enquanto o ar carrega a liberdade do pensamento, a clareza mental e a conexão com dimensões superiores. Os dragões, como entidades interdimensionais, atuam como transmissores dessas energias, servindo de elo entre a humanidade e os elementos essenciais da vida. Quem aprende a reconhecer e respeitar essa conexão encontra um caminho de autoconhecimento e expansão, pois os elementos não são apenas externos, mas também se manifestam dentro de cada indivíduo, refletindo aspectos internos da psique e do espírito.

 A busca pelo equilíbrio entre os quatro elementos é, na verdade, um convite para a integração do ser com o universo. Os dragões ensinam que não há supremacia entre essas forças, pois todas são indispensáveis para a harmonia da existência. Aqueles que desejam compreender sua essência devem se permitir sentir a presença dessas energias em seu cotidiano – na chama que aquece e purifica, na água que nutre e cura, na terra que sustenta e fortalece, no ar que inspira e conecta. Ao reconhecer a influência dos dragões sobre esses aspectos, torna-se possível acessar um nível mais profundo de percepção e sintonia com a natureza e consigo mesmo. Os dragões elementais, longe de serem apenas mitos, são entidades vivas nos reinos sutis, sempre dispostos a compartilhar sua sabedoria com aqueles que se mostram prontos para aprender.

A ligação dos dragões com os elementos não é apenas simbólica, mas energética. Eles vibram em sintonia com essas forças e atuam como intermediários entre o plano físico e os reinos sutis. Ao compreender como os dragões interagem com cada elemento, torna-se possível acessar suas energias de forma mais consciente, permitindo uma conexão profunda com a natureza e com o próprio poder interior.

Os dragões de fogo representam a energia transformadora da criação e da destruição. São símbolos do impulso vital, da força de vontade e do despertar da consciência. Sua presença é intensa e incendeia tudo o que não está alinhado com a verdade, queimando ilusões e fortalecendo aqueles que buscam a evolução. A energia dos dragões de fogo está associada à transmutação, ao renascimento e à coragem necessária para atravessar desafios e superar medos. Trabalhar com essa energia exige equilíbrio, pois o fogo pode tanto iluminar quanto consumir.

Os dragões de água simbolizam a fluidez das emoções e a profundidade da intuição. São os guardiões dos sentimentos, do inconsciente e dos mistérios que residem nas águas ocultas da alma. Eles auxiliam na cura emocional, na expansão da sensibilidade e na conexão com as memórias ancestrais. Assim como a água pode ser suave e serena ou violenta e destruidora, esses dragões ensinam a lidar com os fluxos da vida, aceitando mudanças e aprendendo a navegar pelos desafios com sabedoria.

Os dragões de terra são os pilares da estabilidade e da proteção. Representam a força da materialização, a conexão com as raízes e a sustentação das estruturas energéticas. Sua presença traz segurança e alinhamento, ajudando a construir bases sólidas para qualquer jornada espiritual. São associados à paciência, à resistência e à sabedoria ancestral que se manifesta através da terra e de seus ciclos. A energia desses dragões auxilia no fortalecimento do corpo, na cura física e no alinhamento com a força vital da natureza.

Os dragões de ar são mensageiros da sabedoria cósmica, responsáveis pela expansão da mente e pela comunicação interdimensional. Representam a clareza de pensamento, a inspiração e a capacidade de transcender limitações. Trabalhar com sua energia permite acessar novas perspectivas, compreender verdades ocultas e desenvolver habilidades intuitivas mais aguçadas. Os dragões de ar também são responsáveis por abrir caminhos para a conexão com planos superiores, facilitando a comunicação com seres espirituais e permitindo um fluxo mais harmônico de ideias e insights.

A relação entre os dragões e os elementos não é fixa, pois eles podem transitar entre essas energias conforme a necessidade. Alguns carregam características mistas, unindo o poder do fogo à fluidez da água ou a solidez da terra à leveza do ar. Esses dragões híbridos são mais raros e costumam ser invocados em situações específicas, quando a integração de múltiplos aspectos da realidade se faz necessária.

A conexão com os dragões elementais pode ser estabelecida através da observação e do respeito às forças naturais. Cada pessoa carrega dentro de si a manifestação desses quatro elementos e, ao equilibrá-los, torna-se mais receptiva à presença dos dragões. Trabalhar com os elementos é um caminho para compreender melhor a própria essência, desenvolvendo uma relação mais consciente com o mundo ao redor.

Os dragões não apenas governam os elementos, mas também ensinam como utilizá-los de forma equilibrada. Aqueles que buscam a sabedoria dracônica aprendem que não há um elemento superior ao outro, pois todos são partes de um único fluxo energético. O fogo pode dar vida ou consumir, a água pode curar ou afogar, a terra pode sustentar ou aprisionar, e o ar pode trazer clareza ou confusão. A verdadeira maestria está em saber como trabalhar com cada energia no momento certo.

Os dragões e os elementos estão profundamente conectados ao despertar espiritual. Muitas tradições espirituais utilizam os elementos como base para suas práticas, seja no xamanismo, na alquimia ou na magia cerimonial. Os dragões aparecem nessas tradições como guardiões dos portais energéticos, auxiliando aqueles que buscam compreender e manipular essas forças com sabedoria e respeito.

A presença dos dragões elementais pode ser percebida na natureza, em fenômenos climáticos intensos, em locais de grande poder energético ou até mesmo em experiências pessoais de transformação. Quando uma pessoa se conecta profundamente com um elemento, seja através de um momento de introspecção junto ao mar, do calor de uma chama, do contato com a terra ou da sensação do vento, há uma chance de que esteja sentindo a presença de um dragão correspondente, manifestando-se de forma sutil para transmitir uma lição ou uma mensagem.

Aqueles que desejam estabelecer um contato mais profundo com os dragões elementais podem utilizar práticas como a meditação, a visualização criativa e a conexão direta com os elementos da natureza. Criar um ambiente propício para essa interação, respeitando os ciclos naturais e abrindo-se para a experiência, pode facilitar a percepção dessas forças sutis.

Os dragões e os elementos são partes inseparáveis da existência, refletindo tanto as forças do universo quanto os aspectos internos de cada indivíduo. Compreender essa conexão é um passo importante para acessar a sabedoria dracônica e para desenvolver uma relação mais equilibrada com as energias que sustentam a realidade. À medida que a humanidade desperta para essa compreensão, os dragões começam a se manifestar novamente, guiando aqueles que estão preparados para receber seu ensinamento e sua proteção.

Capítulo 7
Dragões de Fogo

A energia dos dragões de fogo pulsa como uma força primordial que desafia e transforma tudo o que toca. Essas entidades dracônicas não são apenas símbolos da chama ardente, mas manifestações vivas do fogo sagrado que permeia a existência. Representam o princípio da criação e da destruição, a energia que impulsiona a evolução, desafiando o estagnado e reacendendo a vontade de crescimento. Sua presença é sentida nos momentos de grande transição, quando antigos padrões precisam ser queimados para dar lugar ao novo. São guardiões do despertar espiritual, trazendo a luz da consciência para iluminar aquilo que estava oculto e dissolver ilusões. O fogo dos dragões não é dócil nem complacente; ele exige coragem daqueles que o invocam, pois sua ação é intensa e irreversível. Quem se conecta com essa energia é chamado a abandonar limitações, romper barreiras e se tornar um agente ativo de sua própria transformação.

Os dragões de fogo vibram na frequência da coragem e da força interior. Sua energia desperta a chama da determinação, impulsionando aqueles que hesitam diante do desconhecido. São mestres da transmutação, auxiliando na superação de medos, na libertação de amarras emocionais e no fortalecimento do espírito. Diferente de outras forças protetoras que oferecem amparo suave, os dragões de fogo ensinam através do confronto e da experiência direta. Eles não removem obstáculos, mas capacitam aqueles que os enfrentam. Seu propósito não é oferecer um caminho fácil, mas sim fortalecer aqueles que trilham a jornada do autoconhecimento e do empoderamento. Ao trabalhar com essa energia, é necessário compreender que o fogo pode tanto iluminar e aquecer quanto consumir e destruir. Ele exige respeito e domínio, pois sua intensidade, se descontrolada, pode levar à impulsividade e ao caos.

Aqueles que sentem o chamado dos dragões de fogo devem estar dispostos a abraçar a mudança sem medo. Sua presença marca o início de um ciclo de transformação profunda, onde tudo o que não ressoa com a verdade interior será consumido pelas chamas. Esse processo, embora desafiador, conduz ao renascimento, à expansão da consciência e ao despertar do verdadeiro potencial. Conectar-se com um dragão de fogo significa aceitar que a jornada será intensa, mas também libertadora. Sua chama não destrói por crueldade, mas para abrir espaço para algo mais forte e autêntico. Ao aceitar essa energia e aprender a canalizá-la com sabedoria, torna-se possível acessar um poder interior inabalável, capaz de moldar a realidade com clareza, paixão e propósito.

O fogo está associado à energia vital, ao impulso criador e à renovação. Assim como uma chama pode consumir o que já não serve e permitir o nascimento de algo novo, os dragões de fogo ajudam no processo de transmutação interior. Eles ensinam a queimar as limitações, dissolver medos e expandir a força interior. São guardiões da coragem, do dinamismo e da vontade férrea, incentivando aqueles que se conectam com sua energia a ultrapassar obstáculos e superar desafios com determinação.

A presença de um dragão de fogo pode ser sentida em momentos de grandes mudanças e crises, quando a vida exige transformação e renovação. Sua energia é intensa e muitas vezes desconfortável, pois não permite estagnação. Onde há resistência à mudança, o fogo queima, forçando uma reestruturação completa. Esse processo pode se manifestar em diversas áreas da vida, desde relações pessoais até mudanças profissionais e desafios espirituais.

No aspecto espiritual, os dragões de fogo estão ligados ao despertar da consciência. Sua chama interior ilumina verdades ocultas e dissolve ilusões, permitindo uma visão mais clara do caminho a seguir. Eles ativam a força do chakra do plexo solar, onde reside a energia da vontade, da autoconfiança e da capacidade de agir. Trabalhar com essa energia fortalece a determinação e a capacidade de manifestar intenções no mundo material.

A energia dos dragões de fogo também está profundamente ligada à purificação. Eles consomem energias densas e bloqueios emocionais, permitindo que o fluxo vital retorne ao seu estado natural. Esse processo pode ser desafiador, pois exige que velhos padrões e crenças limitantes sejam confrontados e eliminados. Muitas pessoas relatam experiências intensas ao trabalhar com essa força, sentindo calor corporal, impulsos para agir e um despertar da intuição instintiva.

Os dragões de fogo são aliados poderosos para aqueles que desejam romper com o passado e iniciar uma nova fase de vida. Eles ensinam a importância do desapego, pois o fogo não pode ser contido nem preso. Para seguir seu caminho, é preciso confiar no processo e permitir que a transformação ocorra. Quando essa energia é aceita, ela traz renovação e empoderamento, permitindo que o indivíduo assuma o controle de sua própria jornada.

Muitas tradições espirituais relacionam os dragões de fogo ao arquétipo do guerreiro espiritual, aquele que enfrenta suas sombras e desafios com bravura. Eles não são complacentes nem protetores no sentido tradicional, pois seu propósito não é evitar dificuldades, mas sim fortalecer aqueles que as enfrentam. Seu ensinamento principal é a autossuficiência e a descoberta do próprio poder interior.

A conexão com os dragões de fogo pode ser estabelecida por meio de práticas meditativas, visualizações e contato direto com o elemento fogo. Acender velas ou fogueiras e meditar diante das chamas pode ser uma maneira poderosa de acessar essa energia. Mantras e invocações específicas também podem ser utilizados para chamar sua presença e pedir orientação. No entanto, essa energia não deve ser buscada de maneira irresponsável, pois sua intensidade pode ser avassaladora para aqueles que não estão preparados.

Os dragões de fogo também ensinam sobre equilíbrio. Embora sua energia seja transformadora, o excesso pode levar à destruição e ao descontrole. Assim como o fogo precisa de limites para ser útil, a força interior deve ser canalizada com sabedoria para não se tornar impulsividade ou agressividade. Aquele que aprende a dominar essa chama interna se torna um mestre de sua própria energia, capaz de agir com determinação sem ser consumido pelo excesso de poder.

O chamado dos dragões de fogo ressoa com aqueles que estão prontos para mudar e evoluir. Sua presença marca o início de uma jornada de empoderamento e transformação, onde tudo o que não é verdadeiro será consumido pelas chamas. Aqueles que aceitam essa energia aprendem que o fogo não destrói por crueldade, mas sim para abrir espaço para algo novo e mais alinhado com a essência verdadeira. O caminho da transmutação é intenso, mas leva ao renascimento e ao despertar da verdadeira força interior.

Capítulo 8
Dragões de Água

Os dragões de água emergem das profundezas do inconsciente como guardiões do fluxo emocional e do conhecimento ancestral. Diferente das forças impetuosas e transformadoras do fogo, esses dragões atuam de maneira sutil, moldando as emoções e guiando os indivíduos através dos ciclos naturais da vida. São a personificação da fluidez, ensinando que a adaptação e a aceitação são caminhos para a harmonia e o crescimento interior. Seu domínio estende-se aos oceanos, rios e chuvas, refletindo a capacidade da água de nutrir, purificar e transformar. A conexão com esses seres convida à introspecção, incentivando aqueles que buscam sua sabedoria a mergulhar profundamente em si mesmos para compreender as camadas ocultas de suas emoções, medos e sonhos. Seu chamado não é estrondoso, mas sim um sussurro nas marés da alma, guiando suavemente para a clareza e o equilíbrio.

A água tem o poder de esculpir montanhas, de atravessar barreiras com persistência e de refletir a verdade com pureza cristalina. Da mesma forma, os dragões que carregam essa essência ensinam a importância da paciência e da confiança nos processos naturais da existência. São mestres do desapego e da entrega, demonstrando que a resistência apenas amplifica o sofrimento, enquanto a aceitação abre caminho para a transformação genuína. Ao interagir com suas energias, torna-se possível acessar memórias ancestrais e revelar verdades ocultas que estavam adormecidas nas profundezas da mente. São protetores do inconsciente e dos mistérios que se escondem sob a superfície da realidade, trazendo mensagens por meio de sonhos, visões e intuições repentinas. Para aqueles que se sintonizam com sua vibração, os dragões de água oferecem orientação silenciosa, ajudando a navegar pelos desafios da vida com serenidade e compreensão.

A presença desses dragões pode ser percebida nos momentos de grande transição emocional, quando sentimentos reprimidos vêm à tona ou quando a alma anseia por clareza e cura. Sua energia não impõe, mas convida ao autoconhecimento, permitindo que cada um descubra sua própria verdade através da contemplação e do fluxo natural da vida. Trabalhar com a energia dos dragões de água requer abertura para o sentir, para a intuição e para os sinais sutis do universo. Aqueles que aprendem com eles desenvolvem uma conexão profunda com sua própria essência, tornando-se mais receptivos à sabedoria do coração e aos ciclos que regem a existência. Assim como a água molda a terra, os ensinamentos desses dragões transformam a percepção da realidade, mostrando que a verdadeira força não está na rigidez, mas na capacidade de se adaptar e fluir com confiança.

A água tem o poder de se adaptar a qualquer forma, de contornar obstáculos e de esculpir montanhas com o tempo. Assim também são os dragões que pertencem a esse elemento. Eles ensinam a importância da flexibilidade e da aceitação, mostrando que a resistência muitas vezes causa sofrimento desnecessário. Sua energia permite que emoções reprimidas sejam trazidas à tona e processadas de maneira saudável, ajudando a dissolver bloqueios emocionais que impedem o crescimento espiritual e pessoal.

Os dragões de água são especialmente ligados ao mundo dos sonhos e das visões. Muitas pessoas relatam encontros com esses seres em estados alterados de consciência, onde se manifestam em formas ondulantes e luminosas, trazendo mensagens que parecem emergir das profundezas do subconsciente. Diferente dos dragões de fogo, que desafiam e impulsionam, os dragões de água sussurram verdades suaves, incentivando a introspecção e a escuta interior.

A energia da água está conectada às emoções e à fluidez dos sentimentos. Quando uma pessoa se sente presa a padrões emocionais destrutivos ou a dores do passado, os dragões de água auxiliam no processo de cura, dissolvendo tensões e trazendo clareza. Sua presença pode ser sentida em momentos de introspecção profunda, quando há necessidade de compreender as próprias emoções e liberar aquilo que já não serve mais.

Assim como os oceanos escondem mistérios insondáveis, os dragões de água também guardam conhecimentos esquecidos pela humanidade. Algumas tradições esotéricas afirmam que esses seres mantêm registros de civilizações perdidas e de segredos ancestrais, armazenados nas correntes energéticas do planeta. Aqueles que conseguem acessar sua sabedoria são capazes de compreender padrões ocultos da história e acessar informações que transcendem o tempo e o espaço.

Os dragões de água também ensinam sobre o poder da entrega e da confiança. Diferente da energia ativa dos dragões de fogo, que exigem ação e determinação, os dragões de água ensinam a importância de fluir com os acontecimentos da vida, sem resistência ou medo. Isso não significa passividade, mas sim uma aceitação sábia dos ciclos naturais da existência. Quando se aprende a fluir, a vida se torna mais harmoniosa, e os desafios são enfrentados com serenidade.

A conexão com esses dragões pode ser fortalecida através do contato com a água em suas diversas formas. Banhos em rios, mares ou cachoeiras, bem como práticas meditativas próximas à água, podem facilitar essa interação. A visualização de um dragão de água durante a meditação pode abrir canais de comunicação com sua energia, permitindo que mensagens intuitivas surjam de forma mais clara.

Os dragões de água também estão ligados ao chakra do coração e ao chakra sacral, locais onde as emoções e a energia criativa fluem. Trabalhar com essa energia ajuda a abrir o coração para o amor incondicional e a desenvolver uma intuição mais apurada. Pessoas que possuem afinidade com esses dragões geralmente são sensíveis, empáticas e possuem uma forte conexão com o mundo emocional e psíquico.

Aqueles que entram em sintonia com os dragões de água aprendem que a verdadeira força não está na rigidez, mas na capacidade de adaptação. A água não resiste, mas contorna. Ela não luta, mas transforma. Sua sabedoria reside na capacidade de fluir e de encontrar seu caminho, independentemente dos obstáculos que surgem. Ao compreender essa lição, torna-se possível navegar pela vida com mais leveza e equilíbrio, confiando que tudo segue o curso certo.

 Os dragões de água estão sempre presentes, guiando aqueles que se permitem mergulhar em sua própria profundidade. Sua energia acalma, cura e desperta. Para aqueles que buscam sabedoria e entendimento, eles revelam verdades ocultas e trazem insights que podem transformar completamente a forma como se percebe a realidade. Trabalhar com esses dragões é aprender a confiar na própria intuição e a se conectar com a fluidez da existência.

Capítulo 9
Dragões de Terra

Os dragões de terra personificam a solidez, a resistência e a profunda conexão com as forças primordiais que sustentam a existência. São guardiões dos ciclos naturais e detentores da sabedoria ancestral, ensinando que a verdadeira força não reside na pressa ou na impulsividade, mas na construção paciente e cuidadosa das bases que sustentam a vida. Sua energia é densa e estabilizadora, proporcionando segurança àqueles que buscam equilíbrio e estrutura. Diferente das forças mutáveis do fogo e da água, que representam transformação e fluidez, os dragões de terra ensinam o valor da constância, da disciplina e da permanência. Eles representam a própria essência da matéria, lembrando que tudo que cresce e prospera precisa de um solo fértil e firme. Suas lições são transmitidas por meio da paciência e do respeito ao tempo, mostrando que qualquer desenvolvimento verdadeiro deve ser enraizado em bases sólidas para perdurar.

Assim como as montanhas se formam ao longo de milênios, os dragões de terra ensinam que toda construção exige dedicação e perseverança. Sua presença é sentida em locais onde a energia da terra se manifesta de maneira intensa—cavernas, florestas ancestrais, formações rochosas imponentes e terrenos intocados. São protetores da memória do planeta, guardando segredos esquecidos e conhecimentos ocultos nas profundezas do solo. Muitos relatos espirituais indicam que a conexão com esses dragões desperta a sensação de pertencimento e alinhamento com as leis naturais. Diferente das forças celestes que expandem a consciência para além do plano material, os dragões de terra ajudam a ancorar a energia, garantindo que a expansão espiritual ocorra com equilíbrio e estabilidade. São aliados poderosos para aqueles que desejam transformar ideias abstratas em algo concreto, materializando aspirações de forma estruturada e consciente.

Trabalhar com a energia dos dragões de terra é compreender que a pressa muitas vezes enfraquece o alicerce sobre o qual se constrói a vida. Eles ensinam a respeitar o tempo necessário para cada processo, lembrando que tudo tem seu ritmo próprio de crescimento. A conexão com esses dragões pode ser fortalecida através da imersão na natureza, do contato direto com a terra e da observação dos ciclos naturais. Meditações que envolvem a visualização de raízes profundas, fortalecendo a conexão com a essência terrena, ajudam a sintonizar-se com sua energia estabilizadora. Aqueles que aprendem com os dragões de terra descobrem que o verdadeiro poder não está apenas na capacidade de avançar, mas na habilidade de sustentar, proteger e preservar. Quando se compreende essa lição, torna-se possível construir uma vida fundamentada na segurança, na solidez e na harmonia com as forças primordiais do universo.

A terra é a base sobre a qual toda vida se desenvolve. É ela que fornece alimento, abrigo e suporte, garantindo que tudo tenha um alicerce sólido para crescer. Da mesma forma, os dragões de terra ensinam sobre a importância da paciência, da perseverança e do respeito aos ciclos naturais. Sua presença lembra que nada se constrói sem fundamentos e que a pressa, muitas vezes, leva à instabilidade. Trabalhar com essa energia significa compreender que tudo tem seu tempo e que o verdadeiro crescimento ocorre de maneira gradual e consistente.

Muitas tradições antigas associam os dragões de terra às montanhas, cavernas e florestas. Esses locais, considerados sagrados, são vistos como portais onde a energia da terra se manifesta de forma mais intensa. Existem relatos de meditações e experiências espirituais em que pessoas sentiram a presença desses dragões em locais remotos, como se estivessem protegendo segredos ancestrais escondidos nas profundezas da terra.

Esses dragões também são considerados guardiões de tesouros ocultos. Diferente do que as lendas mais populares sugerem, esses tesouros não são apenas riquezas materiais, mas sim conhecimentos antigos, armazenados em locais protegidos para aqueles que demonstram maturidade para acessá-los. A metáfora do dragão que dorme sobre um monte de ouro simboliza a sabedoria ancestral que aguarda ser descoberta por aqueles que realmente compreendem seu valor.

A energia dos dragões de terra é de proteção e resistência. Eles ajudam a criar barreiras energéticas contra influências negativas e a fortalecer o campo áurico daqueles que buscam segurança e equilíbrio. Muitas pessoas que trabalham com espiritualidade relatam que a conexão com esses dragões proporciona uma sensação de solidez e segurança, como se estivessem sendo envolvidas por uma força que mantém tudo em ordem e alinhado.

No corpo humano, essa energia está associada ao chakra raiz, localizado na base da coluna. Esse chakra governa a sensação de segurança, a conexão com a realidade física e a estabilidade emocional. Quando esse centro energético está forte, a pessoa se sente firme em sua jornada, confiante e resistente a desafios externos. Os dragões de terra auxiliam na ativação desse chakra, ajudando a construir uma base sólida para qualquer tipo de crescimento, seja ele material, emocional ou espiritual.

Aqueles que se conectam com os dragões de terra aprendem a importância do respeito às leis naturais. Diferente dos dragões de ar, que buscam a expansão, ou dos dragões de fogo, que impulsionam a transformação, os dragões de terra ensinam a arte da paciência e da constância. Tudo na natureza segue um ritmo, e tentar acelerar processos pode levar ao desequilíbrio. Essa lição se reflete na vida cotidiana, onde aprender a esperar o tempo certo para cada coisa traz resultados muito mais sólidos e duradouros.

A relação com a energia dos dragões de terra pode ser fortalecida através do contato direto com a natureza.

Caminhar descalço, tocar árvores, sentir a textura da terra nas mãos são formas simples, mas poderosas, de se reconectar com essa energia. Meditações focadas na visualização de raízes que se aprofundam no solo, conectando-se à energia primordial da Terra, também são eficazes para fortalecer essa conexão.

Os dragões de terra são grandes aliados daqueles que desejam construir algo duradouro em suas vidas. Sejam projetos, relacionamentos ou um caminho espiritual, eles ensinam que tudo o que tem valor deve ser cultivado com paciência e dedicação. Sua presença inspira segurança e confiança, garantindo que as bases sejam firmes o suficiente para suportar qualquer desafio.

A energia desses dragões lembra que não há crescimento verdadeiro sem fundamento. Antes de se expandir, é preciso se enraizar. Antes de avançar, é preciso se fortalecer. E antes de alcançar grandes alturas, é necessário ter uma base sólida sobre a qual se apoiar. Trabalhar com os dragões de terra é aceitar esse princípio e compreender que, no tempo certo, tudo floresce e se manifesta da maneira mais equilibrada e harmoniosa possível.

Capítulo 10
Dragões de Ar

Os dragões de ar personificam a essência da liberdade, da sabedoria e da expansão da consciência, sendo forças sutis que transcendem as limitações do mundo material. Representam o intelecto afiado, a intuição elevada e a conexão com os planos superiores da existência. Diferente dos dragões de terra, que fundamentam e estabilizam, ou dos dragões de fogo, que impulsionam e transformam com intensidade, os dragões de ar atuam como mensageiros do conhecimento cósmico, carregando a leveza do vento e a profundidade dos pensamentos que se movem além do tempo e do espaço. São mestres da comunicação, inspirando ideias, insights e compreensões que muitas vezes parecem surgir do nada, mas que, na verdade, são sopros de sabedoria soprados por esses seres etéreos. Sua presença é sentida como um chamado à busca do entendimento, à ampliação das perspectivas e à libertação das correntes do pensamento limitado.

O ar é um elemento invisível, mas indispensável para a vida, e assim também são os dragões que a ele pertencem. Eles se manifestam através da intuição repentina, das ideias inovadoras e da clareza mental que surge como um raio de luz em meio à escuridão da dúvida. São guardiões dos conhecimentos ancestrais e interdimensionais, conectando aqueles que os buscam com a vastidão do universo e suas infinitas possibilidades. Em muitas tradições espirituais, são vistos como seres que auxiliam na comunicação com planos elevados, ajudando a compreender mensagens que não podem ser captadas apenas pelos sentidos físicos. Sua energia ressoa no sopro do vento, no voo dos pássaros, no movimento das nuvens e no silêncio carregado de significados que antecede uma grande revelação. A conexão com esses dragões se dá no espaço entre os pensamentos, onde a mente se aquieta o suficiente para perceber as verdades que sempre estiveram ali, esperando para serem descobertas.

Trabalhar com a energia dos dragões de ar é um convite à expansão e à transformação intelectual e espiritual. Eles ensinam que a rigidez do pensamento limita a evolução e que a verdadeira sabedoria se encontra na flexibilidade e na capacidade de enxergar além das aparências. Inspiram a criatividade, a curiosidade e a vontade de explorar novos caminhos, ajudando aqueles que se conectam com sua essência a dissolver crenças limitantes e a aceitar que o conhecimento nunca é estático, mas sim um fluxo contínuo de descobertas. Para estabelecer essa conexão, é essencial cultivar o silêncio, a contemplação e a observação da natureza, permitindo que a mente se torne um céu aberto, pronto para receber as mensagens que o vento carrega. Aqueles que se sintonizam com os dragões de ar aprendem a confiar em sua intuição, a perceber sinais sutis ao seu redor e a abraçar a liberdade do pensamento, compreendendo que a jornada do aprendizado nunca tem fim, mas é um voo eterno rumo à compreensão mais profunda do universo e de si mesmo.

O elemento ar é invisível, mas essencial. Ele está presente em todos os momentos, preenchendo o espaço ao nosso redor e sustentando a vida com cada respiração. Assim como o vento carrega sementes para terras distantes, os dragões de ar disseminam ideias, conectam dimensões e inspiram aqueles que estão prontos para escutar. São conhecidos por sua capacidade de trazer mensagens do universo, manifestando-se por meio de insights súbitos, intuições precisas e uma sensação de clareza mental que pode parecer surgir do nada.

As culturas antigas frequentemente associavam os dragões de ar a seres que dominavam os céus e serviam como intermediários entre os mundos. Em muitas mitologias, deuses e espíritos superiores viajavam montados em dragões alados, simbolizando sua capacidade de transcender os limites do mundo físico. Em tradições xamânicas, o vento e as correntes de ar eram vistos como canais de comunicação entre os espíritos e os seres humanos, e os dragões de ar eram considerados guias capazes de transmitir conhecimentos sagrados aos que conseguiam sintonizar sua frequência.

Aqueles que buscam a conexão com os dragões de ar geralmente são pessoas que sentem um chamado para expandir sua consciência e acessar níveis mais elevados de compreensão. Esses dragões trabalham com o intelecto e a percepção, ajudando a desenvolver a intuição e a comunicação espiritual. Quando um dragão de ar se aproxima, é comum que sua presença seja percebida como uma leveza no ambiente, um sopro de inspiração ou até mesmo sinais na natureza, como mudanças súbitas no vento.

O chakra associado aos dragões de ar é o chakra da garganta, que governa a comunicação e a expressão. Trabalhar com essa energia fortalece a capacidade de se expressar com clareza, seja verbalmente, artisticamente ou espiritualmente. Muitas pessoas que desenvolvem essa conexão encontram mais facilidade em traduzir suas ideias em palavras, acessar novas formas de conhecimento e se comunicar com outros planos da existência.

Os dragões de ar também estão ligados à habilidade de viajar entre dimensões. Algumas tradições esotéricas afirmam que eles podem abrir portais para realidades superiores, permitindo que aqueles que se conectam com sua energia tenham vislumbres de outras existências e compreendam aspectos do universo que normalmente estariam além do alcance da mente humana. Sua presença pode ser sentida em estados meditativos profundos, onde o fluxo de pensamentos se torna mais nítido e a mente parece se expandir para além de seus limites habituais.

A conexão com os dragões de ar pode ser cultivada através de práticas que envolvem a respiração consciente, a meditação ao ar livre e a contemplação do céu. Observar as nuvens em movimento, sentir a brisa no rosto e prestar atenção ao ritmo do vento são formas sutis, mas poderosas, de entrar em sintonia com essa energia. Algumas pessoas relatam que, ao pedir orientação a esses dragões, recebem respostas inesperadas por meio de coincidências, palavras de estranhos ou até mesmo mensagens que parecem surgir espontaneamente em suas mentes.

Os dragões de ar também ensinam sobre a importância da leveza e da adaptabilidade. Assim como o vento muda de direção sem esforço, esses dragões mostram que a rigidez mental e a resistência às mudanças podem ser obstáculos para a evolução. Aqueles que aprendem a fluir com a energia do ar descobrem que a vida se torna mais harmoniosa quando se permitem mudar de perspectiva e aceitar novas possibilidades.

No entanto, assim como uma tempestade pode surgir repentinamente, a energia dos dragões de ar também pode trazer momentos de turbulência. Quando sua presença é forte, pensamentos acelerados, insights intensos e uma sensação de inquietação podem surgir. Isso ocorre porque sua vibração ativa a mente, estimulando a busca por respostas e novas direções. Para equilibrar essa energia, é importante manter momentos de pausa e introspecção, permitindo que as ideias se organizem naturalmente.

Os dragões de ar são grandes aliados daqueles que desejam expandir seus horizontes e compreender a interconexão entre todas as coisas. Eles ajudam a dissolver ilusões, a perceber padrões ocultos e a acessar conhecimentos que estavam além do alcance da mente consciente. Muitas vezes, sua presença marca o início de um período de despertar espiritual, onde a percepção da realidade se amplia e novas verdades começam a emergir.

Aqueles que se conectam com os dragões de ar aprendem que a sabedoria não está apenas nos livros ou nas palavras, mas também nos espaços entre elas. O silêncio, o vento e o movimento das nuvens carregam mensagens para aqueles que sabem escutar. Trabalhar com essa energia é abrir-se para o desconhecido, permitindo que o fluxo do universo traga as respostas certas no momento certo.

A jornada com os dragões de ar é um convite para elevar a mente, expandir a consciência e confiar na sabedoria que circula através do cosmos. Seu ensinamento principal é que o conhecimento verdadeiro não se encontra na rigidez das certezas, mas na liberdade de explorar, questionar e descobrir. Aqueles que aceitam esse chamado aprendem a voar além das limitações da mente e a enxergar o mundo com novos olhos, tornando-se viajantes da sabedoria infinita que os dragões de ar carregam consigo.

Capítulo 11
O Despertar Espiritual e os Dragões

A presença dos dragões no caminho do despertar espiritual revela uma conexão profunda entre essas entidades e a jornada de autodescoberta humana. Desde tempos imemoriais, os dragões têm sido representados como guardiões de um conhecimento oculto, portadores de segredos ancestrais que apenas os preparados podem acessar. Diferentes culturas ao redor do mundo os descrevem como seres de imenso poder, símbolos da transformação e do domínio das forças naturais. Sua energia não apenas ressoa com aspectos da criação e da destruição, mas também com a ascensão espiritual, guiando aqueles que se encontram na busca por uma compreensão mais profunda da existência. No contexto do despertar da consciência, os dragões atuam como aliados poderosos, conduzindo o indivíduo por um processo de crescimento que exige coragem, disciplina e uma abertura genuína para a evolução. Sua presença, seja por meio de sonhos, visões ou intuições sutis, indica que a alma está pronta para atravessar um novo portal de entendimento, conectando-se a dimensões mais elevadas da realidade.

O despertar espiritual, impulsionado pela força dos dragões, não ocorre de forma aleatória ou sem propósito. Ele é, na verdade, um chamado interior, uma resposta da alma ao anseio por algo maior do que a realidade material. Esse processo pode começar com um sentimento de inquietação, uma sensação de que há mais para ser compreendido além do mundo físico. Muitas vezes, aqueles que experimentam essa transformação relatam encontros simbólicos com dragões em momentos de profunda introspecção, como se essas entidades estivessem aguardando o momento certo para se manifestar. Esses encontros não são meras coincidências, mas reflexos de uma conexão que se fortalece à medida que o indivíduo expande sua percepção. Os dragões, nesses casos, atuam como catalisadores, acelerando mudanças internas e promovendo uma visão mais ampla da existência. Eles ajudam a dissolver bloqueios energéticos, a fortalecer a intuição e a despertar habilidades latentes que permaneciam adormecidas. Assim, a interação com essas forças espirituais não é simplesmente um evento místico, mas uma experiência transformadora que reconfigura a forma como se percebe a própria jornada.

 Essa ligação entre os dragões e o despertar espiritual também se manifesta na maneira como esses seres desafiam e testam aqueles que buscam sua sabedoria. Diferente de guias espirituais que oferecem respostas prontas ou caminhos seguros, os dragões estimulam o indivíduo a enfrentar seus medos, a superar limitações autoimpostas e a reconhecer seu verdadeiro potencial. Eles exigem comprometimento e respeito, pois não compartilham seu conhecimento com aqueles que não demonstram maturidade para recebê-lo. Em muitas tradições esotéricas, o dragão representa a união dos opostos – luz e sombra, criação e destruição, medo e coragem. Esse simbolismo reflete o próprio processo do despertar, que envolve confrontar aspectos internos que foram negligenciados ou reprimidos. Assim, aqueles que aceitam a presença dos dragões em sua jornada descobrem que o crescimento espiritual não se trata apenas de ascender a planos superiores, mas também de integrar todas as partes do próprio ser, encontrando equilíbrio entre a força instintiva e a sabedoria elevada. Essa é a verdadeira essência da transformação que os dragões promovem: um renascimento que conduz o indivíduo a um estado de consciência expandida e a uma conexão mais profunda com o universo.

O despertar espiritual é um processo complexo, onde o indivíduo passa a enxergar a realidade além das limitações impostas pelo mundo material. Esse despertar não ocorre de maneira súbita para todos; muitas vezes, ele se desenrola gradualmente, conforme a pessoa se torna mais receptiva às energias sutis. Os dragões desempenham um papel importante nesse processo, pois sua energia auxilia na remoção de bloqueios, no fortalecimento do espírito e na expansão da consciência. Aqueles que entram em contato com sua presença frequentemente relatam uma aceleração em seu desenvolvimento espiritual, sentindo uma necessidade profunda de buscar conhecimento e de transformar sua forma de viver.

Muitos relatos de conexão com os dragões começam com sonhos vívidos e visões intensas. Algumas pessoas descrevem encontros com esses seres em paisagens grandiosas, como montanhas imponentes, vastos oceanos ou céus estrelados. Outras sentem sua presença durante meditações profundas, onde a energia dracônica se manifesta como uma onda de calor, um vento súbito ou uma sensação intensa de poder interno. Esses encontros não são meras criações da mente, mas experiências reais de contato com frequências superiores, onde os dragões atuam como guias e mestres.

O despertar espiritual guiado pelos dragões pode ocorrer de diversas formas. Alguns dragões atuam como protetores, ajudando a pessoa a se fortalecer emocional e espiritualmente para enfrentar desafios e superar limitações. Outros dragões ensinam por meio de experiências transformadoras, levando o indivíduo a questionar suas crenças e a transcender padrões antigos. Essa jornada nem sempre é fácil, pois os dragões não concedem conhecimento sem que haja esforço e dedicação. Eles testam aqueles que os buscam, exigindo coragem, discernimento e respeito.

A energia dos dragões também está profundamente ligada ao alinhamento dos chakras e ao fluxo energético do corpo. Muitos praticantes de cura energética relatam que a presença dracônica auxilia na ativação e purificação dos centros energéticos, especialmente do plexo solar e do chakra da coroa. O plexo solar é o centro da força de vontade e do poder pessoal, e sua ativação permite que a pessoa tome controle de sua própria jornada. Já o chakra da coroa, localizado no topo da cabeça, é o portal para dimensões superiores, e quando expandido, facilita o acesso à sabedoria cósmica.

Aqueles que experimentam um despertar espiritual com a influência dos dragões frequentemente sentem uma transformação interna profunda. Medos que antes pareciam intransponíveis começam a perder sua força, pois a energia dracônica ilumina a verdadeira natureza do ser. O indivíduo passa a enxergar a vida com mais clareza, compreendendo que a realidade material é apenas uma parte de uma existência muito maior. Esse despertar também pode levar a mudanças externas significativas, como novas direções na carreira, no estilo de vida e nas relações interpessoais.

A conexão com os dragões não é algo que pode ser forçado. Ela ocorre quando o indivíduo está pronto para receber seus ensinamentos. Algumas pessoas podem sentir sua presença desde a infância, enquanto outras só estabelecem essa conexão mais tarde, quando já passaram por processos internos que as prepararam para essa experiência. O importante é que esse contato não é aleatório – ele acontece quando há um propósito real, seja para aprendizado, proteção ou evolução espiritual.

Uma das formas mais eficazes de aprofundar essa conexão é por meio da meditação e da visualização. Criar um espaço de tranquilidade e se permitir entrar em um estado de receptividade pode facilitar o contato com a energia dracônica. Durante essas práticas, é comum que imagens ou sensações surjam espontaneamente, indicando a presença desses seres. Algumas pessoas relatam que seus dragões se apresentam de formas específicas, com cores e características únicas, cada um representando um aspecto de sua jornada pessoal.

Outro método de fortalecer essa conexão é por meio da observação da natureza. Os dragões estão intimamente ligados aos elementos, e suas energias podem ser sentidas em ambientes naturais, como florestas, montanhas, rios e desertos. Passar tempo em lugares onde a energia da terra é mais pura pode ajudar a sintonizar-se com sua frequência, tornando mais fácil perceber sua presença.

Os dragões não são apenas símbolos espirituais; eles são forças vivas que interagem com aqueles que estão preparados para recebê-los. Sua energia é intensa e pode acelerar processos de despertar que estavam adormecidos. No entanto, eles não fazem esse trabalho sozinhos. A pessoa precisa estar disposta a olhar para dentro de si mesma, a encarar suas sombras e a assumir responsabilidade por sua própria evolução.

O despertar espiritual influenciado pelos dragões não é um caminho para todos. Ele exige comprometimento, coragem e um desejo genuíno de transformação. Aqueles que aceitam esse chamado descobrem um mundo novo, onde os limites da realidade se expandem e novas possibilidades se abrem. Os dragões guiam esse processo com força e sabedoria, mostrando que a jornada espiritual não é um destino fixo, mas sim uma evolução constante.

A presença dos dragões na espiritualidade humana sempre esteve ligada à busca pelo conhecimento verdadeiro. Em tempos antigos, apenas os iniciados tinham acesso a seus mistérios, e aqueles que tentavam se aproximar sem a devida preparação frequentemente falhavam. Hoje, com o despertar coletivo da humanidade, esses ensinamentos estão se tornando mais acessíveis, e cada vez mais pessoas sentem o chamado para reencontrar essa conexão perdida.

O despertar espiritual é um renascimento. É a descoberta de que o mundo vai além do que os olhos físicos podem ver e de que a realidade é muito mais vasta e interligada do que se imagina. Os dragões fazem parte desse processo, guiando aqueles que estão prontos para compreender sua presença e receber seus ensinamentos. Para quem sente esse chamado, a jornada apenas começou. Os dragões observam, aguardam e, quando chega o momento certo, se fazem presentes para aqueles que estão preparados para voar ao lado deles.

Capítulo 12
Portais Energéticos

A paisagem terrestre é entrelaçada por uma rede de forças invisíveis, fluxos energéticos que percorrem sua extensão como artérias pulsantes de um organismo vivo. Esses canais de energia, conhecidos por diferentes nomes em diversas tradições espirituais, formam uma teia vibrante que conecta montanhas, florestas, oceanos e desertos em um padrão dinâmico e interligado. Alguns pontos desse vasto circuito irradiam uma intensidade singular, funcionando como portais energéticos, onde a fronteira entre o tangível e o sutil se torna tênue. Esses locais são mais do que meros acidentes geográficos; eles representam pontos de convergência entre as forças telúricas e cósmicas, onde o fluxo de energia se intensifica, proporcionando experiências de conexão espiritual, cura e expansão da consciência. Antigas civilizações, ao perceberem essas emanações, ergueram monumentos, templos e alinhamentos astronômicos para marcar e potencializar esses espaços, reconhecendo-os como centros de poder e sabedoria. A presença constante de mitos e lendas associadas a esses lugares revela que, desde tempos imemoriais, a humanidade sentiu o impacto dessas forças e buscou compreendê-las.

Dentro desse contexto, a ligação entre os portais energéticos e as forças da natureza se desdobra de maneira ainda mais profunda, manifestando-se na simbologia dos dragões. Longe de serem apenas criaturas do folclore, essas entidades são frequentemente descritas como guardiãs dos grandes fluxos energéticos da Terra. Em muitas tradições, dragões representam a força primordial que serpenteia pelo planeta, análoga às linhas de energia que percorrem o solo e se encontram nesses vórtices de poder. Culturas antigas perceberam essa correspondência e associaram os dragões à proteção de cavernas sagradas, rios ancestrais, montanhas imponentes e locais de intensa carga espiritual. Essas histórias não surgiram por acaso; elas refletem uma percepção intuitiva da natureza viva desses portais e da presença de inteligências espirituais que os vigiam e mantêm seu equilíbrio. Assim, a interação com um portal energético não se limita a um fenômeno geográfico ou magnético, mas envolve um contato com forças que transcendem a matéria, abrindo portas para dimensões mais sutis da realidade.

    A experiência humana com esses portais varia de acordo com a sensibilidade e a disposição de cada indivíduo. Para aqueles que se aproximam com reverência e intenção clara, esses lugares podem revelar-se como pontos de transformação profunda. Muitos relatam sensações inexplicáveis ao pisar em determinados terrenos: um formigamento pelo corpo, uma mudança na percepção do tempo, sonhos vívidos ou até encontros espirituais marcantes. Em certas culturas, peregrinos realizam rituais para "pedir permissão" antes de adentrar esses espaços sagrados, reconhecendo a presença dos guardiões energéticos – muitas vezes simbolizados pelos próprios dragões. Esse ato não é apenas uma formalidade, mas um reconhecimento de que esses portais não são meras anomalias geográficas, e sim pontos de contato entre diferentes níveis de existência. Dessa forma, compreender e respeitar os portais energéticos significa também compreender a antiga conexão entre a Terra, seus fluxos vitais e as consciências sutis que os habitam.

Nesse contexto de forças telúricas e sutis, os dragões se revelam como parte intrínseca desse grande organismo planetário. Diversas culturas ao redor do globo retrataram dragões não apenas como seres míticos, mas também como personificações das energias da natureza. É comum que lendas milenares situem dragões em montanhas sagradas, fontes termais, cavernas profundas ou antigos carvalhos – justamente lugares associados ao fluxo intensificado de energia da Terra. Essa conexão simbólica sugere que os dragões estão intimamente ligados aos portais energéticos, atuando como guardiões e facilitadores dessas forças. Em termos espirituais, podemos entendê-los como inteligências ancestrais que habitam o campo sutil do planeta, manifestando-se através desses vórtices de poder quando determinadas condições são atendidas.

Ao redor do mundo, existem tradições que vinculam dragões a pontos de grande poder. Na Ásia, por exemplo, há o conceito chinês de "linhas do dragão" – os antigos mestres do feng shui acreditavam que correntes de energia percorrem a terra em veios serpenteantes, e que onde essas linhas se cruzam surgem lugares de força singular. Nesses pontos, diz-se que dragões celestiais descansam ou vigiam. Montanhas veneradas como o Monte Kunlun e o Monte Song, na China, são consideradas moradas de dragões e coincidem com linhas de energia vitais do território. No Japão, lendas do deus dragão Ryūjin situam sua presença em lagos profundos e nascentes cristalinas; não por acaso, muitos desses locais são tidos como portais entre o mundo humano e os reinos espirituais. Também as culturas do Himalaia contam sobre dragões ocultos nos cumes e lagoas sagradas do Tibete, associados a nuvens incomuns e ventos repentinos nas alturas silenciosas – sinais, dizem os monges, da atividade de forças dracônicas invisíveis.

Na Europa, a correspondência entre portais de energia e mitologia dracônica é também evidente. Os celtas e outros povos antigos construíram monumentos em locais peculiares onde a energia da terra parecia vibrar mais intensamente. Stonehenge, na Inglaterra, e outros círculos de pedra foram erguidos sobre veios de força que hoje chamamos de linhas ley. Curiosamente, tradições orais posteriores associam serpentes ou dragões a esses sítios, ecoando a percepção de um poder serpentino ali. No folclore galês, fala-se de dragões sob as colinas: a lenda de Dinas Emrys narra um dragão vermelho e outro branco dormindo dentro da montanha e disputando o destino do reino. O monte associado a essa lenda coincide com um foco de energia telúrica apontado por geomantes modernos. Em terras eslavas, na Polônia, a Colina Wawel em Cracóvia é célebre pela lenda do Dragão de Wawel, que vivia em uma caverna sob o castelo. Coincidentemente (ou não), esse mesmo local é reverenciado por místicos atuais como abrigando um "chakra da Terra", uma fonte de energia sutil emanando das rochas antigas. Assim, vemos um padrão: onde há um portal energético poderoso, há frequentemente um dragão nas histórias dos povos, como se a consciência coletiva tivesse percebido uma presença guardiã ali.

Nas Américas, de norte a sul, encontramos também essa ligação entre grandes serpentes ou dragões e locais de poder. Nos Andes, o Lago Titicaca e Machu Picchu destacam-se como centros energéticos reverenciados. Mitos falam de serpentes titânicas, como a Amaru, habitando as profundezas do Titicaca, enquanto muitos visitantes de Machu Picchu descrevem sentir um guardião ancestral serpenteando pelas montanhas ao amanhecer. Na Mesoamérica, a civilização maia legou-nos a pirâmide de Kukulkán em Chichén Itzá, dedicada ao deus serpente emplumada – um dragão celeste cujo retorno é encenado quando a luz do equinócio desce pela escadaria em forma de serpente de sombras. Esse espetáculo não é apenas astronômico, mas também simbólico: representa a abertura de um portal entre o céu e a terra, um momento em que a divindade dracônica toca o mundo humano com sua sabedoria e força.

Mas como nós, indivíduos comuns, podemos perceber e interagir com esses portais energéticos? A chave está em aguçar nossos sentidos sutis e cultivar uma postura de respeito e abertura. Muitos pontos de poder do planeta não revelam sua energia a um observador desatento ou cético. É necessário adentrar tais locais com a mesma reverência com que se entra em um templo vivo da natureza. Ao silenciarmos a mente e acalmarmos a respiração, passamos a sentir o ambiente de modo diferente: um leve formigamento pelo corpo, ou mudanças sutis na temperatura e na densidade do ar ao redor. Às vezes, a sensação é emocional – uma paz repentina ou, pelo contrário, uma inquietação que não parece vir de nós. São indícios de que estamos interagindo com o campo energético local. Técnicas de visualização podem intensificar essa conexão – por exemplo, imaginar raízes de luz brotando de nossos pés e penetrando o solo, ou visualizar-nos envolvidos por uma espiral de luz ascendente conectando corpo e céu. Conhecer a história e a mitologia do lugar também ajuda: ao evocar mentalmente os símbolos do dragão ou do guardião associado, sincronizamos nossa mente à egrégora espiritual daquele portal.

Interagir com um portal energético exige sensibilidade e humildade. Xamãs e místicos ensinam que devemos "pedir permissão" aos guardiões do local – e aqui os dragões desempenham papel central como guardiões espirituais. Na prática, isso significa que ao chegar a um desses lugares, faz-se uma prece ou intencionamento respeitoso, demonstrando boa vontade e respeito pelas forças ali presentes. Pode-se, por exemplo, tocar a terra com a palma da mão e mentalizar uma saudação ao espírito do lugar. Se houver de fato uma presença dracônica ou outra consciência guardiã, essa atitude de reverência ajuda a abrir um canal de comunicação sutil. Algumas pessoas relatam receber "respostas" de forma intuitiva: impressões, imagens mentais ou uma clareza de pensamento repentina, como se o lugar lhes contasse segredos em silêncio. Interagir é também saber ouvir. Permanecer quieto, observando a natureza ao redor – o movimento do vento, o comportamento dos animais, o desenho das nuvens – pode oferecer sinais. Os dragões costumam manifestar-se de forma velada: talvez no voo inesperado de um pássaro, num raio de sol atravessando as árvores no momento oportuno, ou até num sussurro do vento entre as folhas. Sua linguagem é a sincronicidade, captada pela intuição.

O papel dos dragões nesses portais vai além de simplesmente habitar ou vigiar. Eles são protetores, ativadores e mantenedores dos vórtices de força. Como protetores, asseguram que as energias permaneçam equilibradas e que influências negativas ou destrutivas não perturbem o local sagrado. Há histórias de sítios de poder que "rechaçaram" visitantes mal-intencionados – na perspectiva mística, seria a ação do guardião dracônico bloqueando aqueles que poderiam profanar o lugar. Por outro lado, para os de coração puro ou buscadores sinceros, diz-se que o dragão do local pode se revelar de maneiras sutis, oferecendo proteção e até orientação. Como ativadores, os dragões atuam em momentos-chave, despertando o potencial de um portal quando chega a hora certa. Povos ancestrais realizavam cerimônias para "acordar" o espírito do lugar: invocavam serpentes de luz emergindo da terra (ou seja, a própria energia do dragão) para renovar a fertilidade e a harmonia. Esses rituais sugerem que os dragões, enquanto expressões da energia telúrica, despertavam junto com a consciência coletiva em ciclos sagrados. Por fim, como mantenedores, esses seres ajudariam a regular o fluxo de energias ao longo dos séculos. Mesmo quando um vórtice não está evidente ou está esquecido pelas pessoas, o dragão guardião permanece em vigília, garantindo que o pulso vital continue a fluir. Podemos imaginá-los como jardineiros invisíveis do campo energético planetário – aparando excessos, fortalecendo pontos fragilizados e guiando o fluxo para manter o equilíbrio entre Terra e Céu.

Não faltam relatos de experiências em portais que as pessoas interpretam como encontros com dragões. Nem sempre é uma visão clara de um ser alado e escamoso – na verdade, raramente o é. As manifestações dracônicas costumam ser sutis, percebidas com o "olho interno" ou em sonhos inspirados pela estadia em determinado local sagrado. Um viajante que pernoitou próximo a Stonehenge relatou ter sonhado com um enorme dragão branco serpenteando entre as pedras sob um céu estrelado – ao despertar, sentiu que recebera uma mensagem sobre a união entre céu e terra. No Monte Shasta, na Califórnia, um grupo de meditadores afirmou ter visto o contorno de um dragão dourado formar-se nas nuvens sobre o pico nevado, seguido de uma onda de bem-aventurança que os envolveu, como se aquela aparição celeste os abençoasse.

Também há experiências de cura e transformação pessoal atribuídas à presença dracônica nesses locais. Uma curandeira andina narrou ter sentido uma forte corrente percorrer sua espinha ao meditar às margens do Lago Titicaca; ela visualizou uma serpente luminosa subindo em espiral por seu corpo e, depois disso, obteve profundos insights e uma sensação de purificação espiritual, atribuindo o fenômeno à bênção do espírito guardião do lago. De maneira semelhante, peregrinos no Monte Kailash, no Tibete – considerado por algumas tradições como morada de seres dracônicos – descrevem estados de consciência alterados durante a circunvolução da montanha. Alguns relatam um êxtase repentino, como se uma presença amorosa e antiquíssima os inundasse. Essas vivências pessoais reforçam em quem as tem a convicção de que os dragões não são apenas metáforas, mas realidades sutis que habitam lugares de poder.

Conforme exploramos os portais energéticos e a manifestação dos dragões, delineia-se um quadro coerente: a Terra, com sua rede de energias sutis, parece ser permeada por uma consciência inteligente que muitas culturas retrataram na forma de dragão. Esses seres, ao mesmo tempo míticos e reais no plano espiritual, seriam expressões da própria alma do mundo, conectando os lugares sagrados como fios de um grande tapete luminoso. Cada portal energético seria um nó onde o dragão – a energia consciente da Terra – aflora para interagir com quem ali esteja receptivo. Assim, visitar um local desses não é apenas turismo ou curiosidade; pode se tornar um encontro transformador com forças primordiais. Quando caminhamos sobre um solo consagrado pelo tempo e pela veneração de gerações, estamos pisando também no rastro dos dragões. Sentir sua presença é acessar um nível mais profundo de realidade, onde natureza e espírito se fundem.

Em suma, os portais energéticos espalhados pelo mundo funcionam como pontos de contato entre nosso mundo físico e as dimensões sutis. São passagens vivas por onde flui a energia que alimenta a vida e a consciência planetária. E os dragões, longe de serem apenas criaturas de conto, despontam como guardiões e manifestadores dessas forças. Reconhecer essa ligação nos convida a uma relação mais reverente com a Terra. Significa entender que cada montanha sagrada, cada lago misterioso, cada círculo de pedra antigo não está vazio – ali pode habitar a sabedoria dracônica, silenciosa, à espera daqueles que cheguem com coração aberto e espírito desperto. Ao respeitarmos e procurarmos compreender esses vórtices e seus guardiões, honramos a antiga aliança entre humanidade e dragões, renovando-a para os tempos que virão.

Capítulo 13
Conexão com os Dragões

A conexão com os dragões acontece em um nível sutil, acessível apenas àqueles que desenvolveram a sensibilidade necessária para perceber sua presença. Esses seres não se manifestam de forma tangível no mundo físico, mas sua energia pode ser sentida como um fluxo vibrante que atravessa dimensões e ressoa profundamente na alma. Essa interação não ocorre ao acaso, nem pode ser forçada; ela se estabelece gradualmente, à medida que o indivíduo expande sua percepção e se sintoniza com as frequências que sustentam essa forma de consciência. Os dragões, em seu aspecto espiritual, são guardiões do conhecimento ancestral e portadores de uma sabedoria primordial que transcende o tempo e o espaço. Para aqueles que buscam essa conexão, é essencial cultivar um estado de receptividade e respeito, compreendendo que esses seres interagem apenas com aqueles que demonstram sinceridade e maturidade espiritual.

A presença dracônica pode ser percebida de diferentes formas, dependendo da sensibilidade de cada indivíduo. Para alguns, manifesta-se como uma sensação de calor intenso percorrendo o corpo, semelhante a uma corrente elétrica sutil que desperta centros energéticos adormecidos. Para outros, é um estado de serenidade profunda, um silêncio interno que se impõe e abre espaço para intuições claras e insights transformadores. Há também aqueles que experimentam essa conexão através de sonhos vívidos, onde os dragões surgem como guias ou protetores, transmitindo mensagens enigmáticas que se tornam compreensíveis com o tempo. Em momentos de meditação ou introspecção, sua presença pode ser sentida como um campo de energia ao redor, uma pulsação que altera a percepção da realidade e amplia a consciência. Essas manifestações não seguem um padrão fixo, pois a forma como cada pessoa interage com essa energia depende de sua jornada individual e do nível de sintonia que alcançou.

Para estabelecer e fortalecer essa conexão, é necessário desenvolver práticas que aumentem a percepção energética e a afinidade com os elementos que simbolizam a essência dracônica. A meditação é um dos caminhos mais eficazes, permitindo que a mente se acalme e se torne receptiva a impressões sutis. Visualizar um espaço sagrado – como uma montanha imponente, uma caverna ancestral ou um céu infinito – e imaginar a presença de um dragão pode ajudar a criar um vínculo gradual com essa energia. Além disso, prestar atenção a sinais e sincronicidades no cotidiano pode revelar a aproximação dessa força: imagens recorrentes de dragões, encontros inesperados com referências a esses seres ou até mesmo mudanças na energia ao redor são indícios de que a conexão está se formando. Trabalhar com os quatro elementos – fogo, terra, água e ar – também pode facilitar esse alinhamento, pois os dragões são frequentemente associados às forças primordiais da natureza. Acender uma chama com intenção, sentir a brisa em um momento de contemplação, mergulhar em águas naturais ou caminhar descalço na terra são formas sutis, mas poderosas, de criar harmonia com essa presença ancestral. Assim, a conexão com os dragões não é apenas um evento místico isolado, mas um processo contínuo de despertar e transformação, que exige dedicação, respeito e uma busca sincera pelo autoconhecimento.

A energia dracônica manifesta-se de várias formas. Algumas pessoas descrevem sua presença como uma força intensa, uma espécie de calor ou eletricidade percorrendo o corpo, enquanto outras a percebem como uma onda de serenidade e sabedoria profunda. Em certos momentos, pode ser sentida como um sussurro na mente, uma voz que não é exatamente externa nem interna, mas que transmite mensagens com clareza absoluta. Em outros casos, manifesta-se através de sonhos vívidos, onde os dragões aparecem como guias ou protetores, transmitindo ensinamentos que se tornam mais compreensíveis com o tempo.

Muitos dos que sentem a energia dos dragões relatam uma mudança sutil no ambiente ao seu redor. O ar pode parecer mais carregado, como se estivesse pulsando, e uma sensação de presença forte, mas não opressora, pode surgir repentinamente. Essa percepção geralmente acontece em momentos de introspecção ou meditação, quando a mente está tranquila e aberta para receber essas impressões. Há também aqueles que notam a presença dracônica em momentos de grande necessidade, quando enfrentam desafios internos ou externos e sentem um impulso inexplicável de força e coragem, como se algo maior estivesse os amparando.

Para desenvolver a sensibilidade à energia dos dragões, é necessário cultivar a percepção sutil e a conexão com o mundo energético. Práticas como a meditação e a visualização são fundamentais para criar um canal receptivo para essa frequência. Durante a meditação, pode-se imaginar um vasto espaço aberto, como uma montanha antiga ou um vale intocado, e visualizar um dragão emergindo desse cenário. Essa imagem não precisa ser detalhada ou fixa, pois a mente intuitiva preencherá os detalhes conforme a conexão se fortalece. Quanto mais a prática for repetida, mais clara se tornará a sensação de presença e interação.

Outra forma de sintonizar-se com essa energia é prestar atenção aos sinais que surgem no cotidiano. Os dragões muitas vezes se comunicam por meio de sincronicidades e símbolos que aparecem repetidamente. Encontrar imagens de dragões inesperadamente, ouvir histórias sobre eles em momentos significativos ou até mesmo sentir impulsos inexplicáveis para aprender mais sobre sua natureza pode ser uma indicação de que essa energia está se aproximando. Quanto mais se observar e reconhecer esses sinais, mais forte será o vínculo criado.

O uso de elementos naturais também pode facilitar essa conexão. Os dragões estão associados aos quatro elementos – fogo, água, terra e ar – e trabalhar com esses elementos em práticas espirituais pode ajudar a ancorar sua energia. Acender uma vela, mergulhar em um rio ou mar, caminhar descalço na terra ou sentir o vento no rosto são formas simples, mas poderosas, de se alinhar com suas forças. Certas pedras e cristais, como a obsidiana, a ametista e o quartzo, também são conhecidas por auxiliar na sintonia com energias dracônicas, pois amplificam a percepção espiritual e a conexão com planos sutis.

Os símbolos sagrados ligados aos dragões também podem servir como âncoras para essa energia. Muitos relatos indicam que certos símbolos, quando usados em meditações ou visualizações, facilitam o contato e a ativação da consciência dracônica. Alguns desses símbolos aparecem em culturas antigas, como os glifos chineses que representam dragões celestiais ou as espirais celtas, que evocam o movimento serpentino da energia primordial. Criar ou carregar um símbolo pessoal que represente essa conexão pode atuar como um canalizador de sua presença no dia a dia.

Existem muitas experiências documentadas de pessoas que sentiram ou interagiram com a presença dos dragões. Algumas relatam encontros inesperados durante projeções astrais, onde sentiram a presença imponente de um dragão observando-as, sem palavras, mas transmitindo uma sabedoria silenciosa. Outras mencionam que, em momentos de grande tensão ou perigo, um instinto aguçado e uma força interior surgiram como se viessem de algo além de si mesmas, dando-lhes coragem para agir. Muitos espiritualistas acreditam que essas experiências são manifestações da energia dracônica, que se faz presente para guiar, proteger e ensinar.

A conexão com os dragões não é algo que possa ser apressado ou exigido. Ela acontece de maneira orgânica, conforme a pessoa se torna mais receptiva e preparada para lidar com essa força ancestral. Aqueles que tentam invocar os dragões com intenções egoístas ou sem o devido respeito raramente conseguem estabelecer um vínculo real. Esses seres não respondem a desejos superficiais ou meros caprichos humanos; eles interagem com aqueles que demonstram um verdadeiro compromisso com seu próprio crescimento e evolução.

Os dragões são guardiões do conhecimento oculto, e sua energia não pode ser manipulada sem consequências. Por isso, é essencial que qualquer tentativa de conexão com eles seja feita com sinceridade, humildade e uma disposição genuína para aprender. Para aqueles que realmente desejam sentir sua presença, a chave não está na busca desenfreada, mas na preparação interna. Estar alinhado consigo mesmo, buscar a verdade sem ilusões e desenvolver a intuição são passos fundamentais para criar esse vínculo.

Sentir a energia dos dragões é mais do que um simples fenômeno espiritual; é um convite para transcender os limites da mente comum e acessar uma consciência mais ampla. É um chamado para integrar força, sabedoria e equilíbrio, permitindo que sua presença guie a jornada pessoal de cada um. Aqueles que se abrem para essa experiência encontram não apenas um contato espiritual profundo, mas também uma transformação interior que ressoa em todas as áreas da vida.

A conexão com os dragões é um caminho de autoconhecimento e despertar, onde a energia dracônica se torna parte da própria essência do indivíduo. À medida que essa conexão se fortalece, a percepção da realidade se expande, e o mundo passa a ser visto sob uma nova perspectiva, onde tudo está interligado e carregado de significado. Os dragões são mestres silenciosos que aguardam aqueles que estão prontos para ouvir. Para aqueles que sentem o chamado, o primeiro passo é abrir-se para sua presença e permitir que sua energia flua, guiando-os para além do que é visível e despertando verdades que sempre estiveram ocultas, esperando para serem redescobertas.

Capítulo 14
Dragões como Guardiões Espirituais

A presença dos dragões como guardiões espirituais ultrapassa os limites da mitologia e se insere no âmago das tradições esotéricas mais antigas da humanidade. Essas entidades não são apenas símbolos de força e poder, mas também representações de uma consciência elevada que protege, orienta e desafia aqueles que se encontram no caminho da evolução espiritual. Sua energia é percebida por aqueles que estão preparados para acessar conhecimentos ocultos e enfrentar as provações necessárias para a expansão da consciência. Diferente da imagem feroz e destrutiva associada a muitas lendas ocidentais, os dragões são, na verdade, guardiões da sabedoria primordial, atuando como pontes entre o mundo material e as dimensões superiores. Eles não concedem sua proteção de maneira indiscriminada; sua presença manifesta-se apenas quando há um verdadeiro propósito espiritual e uma sincera busca pela compreensão dos mistérios da existência.

A função dos dragões como guardiões pode se manifestar de diversas maneiras. Em alguns casos, eles protegem lugares de intenso poder energético, assegurando que somente aqueles com maturidade espiritual possam acessar essas regiões. Muitas culturas ao redor do mundo relatam a presença de dragões vigiando templos sagrados, montanhas ancestrais, cavernas profundas e portais interdimensionais. Esses locais não são apenas espaços físicos, mas também pontos de convergência entre diferentes camadas da realidade, onde a energia é intensa e transformadora. No nível individual, os dragões também atuam como guias espirituais, auxiliando aqueles que enfrentam processos internos profundos de transformação. Muitas pessoas que se conectam com sua energia relatam sentir sua presença em momentos cruciais da vida, quando grandes desafios surgem ou quando há a necessidade de uma decisão importante. Nessas situações, os dragões não oferecem respostas prontas, mas conduzem o buscador a encontrar dentro de si mesmo a coragem e a sabedoria para seguir adiante.

A relação entre os dragões e seus protegidos não é baseada na submissão ou na dependência, mas no crescimento mútuo. Eles ensinam que a verdadeira proteção não vem de barreiras externas, mas do fortalecimento interior. Quem busca essa conexão deve estar disposto a desenvolver autoconfiança, resiliência e disciplina. A energia dracônica não protege aqueles que fogem de seus desafios, mas sim aqueles que enfrentam seus medos com determinação e buscam o equilíbrio entre poder e responsabilidade. Os dragões não impõem sua presença àqueles que não estão prontos; eles aguardam pacientemente até que o chamado seja feito com respeito e intenção genuína. Aqueles que conseguem estabelecer essa ligação encontram uma força invisível ao seu lado, não para eliminar dificuldades, mas para fornecer o apoio necessário para que possam superá-las por si mesmos. Assim, os dragões não apenas protegem – eles moldam, transformam e elevam aqueles que se mostram dignos de sua presença, conduzindo-os a um caminho de profundo autoconhecimento e despertar espiritual.

O papel dos dragões como guardiões pode ser compreendido sob diferentes perspectivas. Em algumas tradições, eles protegem locais sagrados e portais energéticos, assegurando que apenas aqueles que possuem maturidade espiritual possam acessar esses espaços. Em outras, sua função é mais individual, servindo como guias para aqueles que trilham caminhos de expansão da consciência e enfrentam desafios internos profundos. Em ambas as situações, sua presença é percebida não como algo que impõe barreiras arbitrárias, mas como uma força que exige respeito, comprometimento e um coração puro para ser acessada.

Os relatos de dragões como protetores aparecem em diversas culturas ao redor do mundo. No Oriente, os dragões celestiais são vistos como guardiões da harmonia universal, equilibrando as forças cósmicas para garantir a estabilidade do mundo. No Japão e na China, templos e montanhas sagradas são frequentemente associados a esses seres, sendo considerados locais onde sua presença pode ser sentida de forma mais intensa. Na tradição tibetana, acredita-se que os dragões guardam textos sagrados e ensinamentos ocultos, revelando-os apenas àqueles que estão preparados para compreendê-los.

Na Europa medieval, os dragões eram frequentemente retratados como seres que protegiam tesouros escondidos em cavernas ou castelos antigos. Embora muitas dessas histórias os retratem como criaturas hostis, um olhar mais profundo revela que esses "tesouros" não eram apenas ouro e joias, mas sim símbolos do conhecimento proibido ou da iluminação espiritual. O dragão não era apenas um monstro a ser derrotado, mas sim um desafio que testava a coragem e a sabedoria daqueles que buscavam acessar tais riquezas. Em algumas versões dessas lendas, os heróis que enfrentavam os dragões não os destruíam, mas aprendiam com eles, recebendo ensinamentos e bênçãos antes de prosseguir sua jornada.

No xamanismo e nas tradições indígenas, os dragões ou grandes serpentes aladas são considerados espíritos ancestrais que protegem tribos e regiões sagradas. Em algumas culturas da América do Sul, acredita-se que esses seres vivem nas profundezas da floresta ou nas montanhas, vigiando aqueles que entram em seus domínios. Xamãs e curandeiros relatam experiências de contato com essas entidades durante estados alterados de consciência, onde recebem orientações sobre como equilibrar as energias e curar desequilíbrios espirituais.

O conceito dos dragões como guardiões também está presente em relatos contemporâneos de experiências espirituais. Muitas pessoas que se conectam com a energia dracônica descrevem uma sensação de proteção intensa, como se uma força invisível estivesse acompanhando suas jornadas.

Algumas relatam sonhos vívidos onde dragões aparecem como guias, oferecendo conselhos e advertências sobre decisões importantes. Outras percebem sua presença durante momentos de grande transformação pessoal, quando a vida parece estar mudando drasticamente e um novo caminho começa a se formar.

A relação entre os dragões e a proteção espiritual também se manifesta no campo energético. Alguns praticantes de magia e espiritualidade trabalham com a energia dracônica para criar círculos de proteção, fortalecer seu campo áurico e afastar influências negativas. Acredita-se que os dragões possuem uma vibração extremamente elevada, tornando difícil a aproximação de forças desarmônicas quando sua presença é evocada. Em algumas tradições, rituais específicos são realizados para pedir sua proteção, envolvendo o uso de símbolos, mantras e oferendas simbólicas que demonstram respeito e reverência por sua presença.

A conexão com os dragões como guardiões espirituais não é algo que pode ser forçado ou manipulado. Esses seres não respondem a invocações feitas sem propósito ou a pedidos movidos pelo ego. Sua proteção é concedida àqueles que demonstram sinceridade, integridade e um desejo genuíno de evolução. Aqueles que tentam invocá-los para fins egoístas ou para obter poder sem responsabilidade geralmente encontram silêncio ou, em alguns casos, experiências que os forçam a confrontar suas próprias sombras antes de prosseguir.

Os dragões ensinam que a verdadeira proteção não vem de barreiras externas, mas do fortalecimento interno. Trabalhar com sua energia não significa apenas buscar segurança, mas aprender a desenvolver autoconfiança e resiliência diante dos desafios da vida. Eles guiam aqueles que estão prontos para enfrentar seus medos, superar limitações e assumir total responsabilidade por sua jornada espiritual. Essa proteção não se manifesta como uma intervenção direta, mas como uma presença que inspira força e sabedoria, ajudando a encontrar o caminho certo mesmo nas situações mais difíceis.

Muitos daqueles que estabelecem uma conexão profunda com os dragões percebem mudanças significativas em suas vidas. A presença desses guardiões pode levar a uma clareza mental maior, à superação de padrões destrutivos e ao despertar de habilidades intuitivas que antes estavam adormecidas. Há relatos de pessoas que, após se conectarem com essa energia, passaram a ter sonhos mais vívidos, sentiram um aumento de sensibilidade às energias ao redor e desenvolveram uma percepção mais aguçada sobre as intenções das pessoas e os eventos à sua volta.

A forma como os dragões escolhem proteger cada pessoa varia conforme sua necessidade e seu nível de consciência. Para alguns, sua presença pode ser percebida como uma força sutil que afasta influências negativas antes mesmo que elas se aproximem. Para outros, pode se manifestar como um teste, colocando desafios em seu caminho para que fortaleçam sua resiliência e sua capacidade de tomar decisões com sabedoria. Os dragões não concedem proteção de maneira passiva, mas ensinam aqueles que os seguem a se tornarem seus próprios guardiões, assumindo controle sobre sua própria energia e destino.

A jornada espiritual sob a orientação dos dragões é um caminho de crescimento e responsabilidade. Para aqueles que se sentem chamados a essa conexão, o primeiro passo é desenvolver uma relação de respeito e abertura, permitindo que sua presença se revele de maneira natural. Isso pode ser feito através da meditação, da observação dos sinais no cotidiano e da prática da introspecção. Conforme essa relação se aprofunda, a sensação de proteção e guia se torna mais clara, e os ensinamentos dos dragões passam a se manifestar de forma mais intensa e transformadora.

Os dragões são guardiões de forças antigas e intemporais, e sua presença na vida de uma pessoa é um sinal de que ela está pronta para trilhar um caminho de autodescoberta e poder interior. Eles não impõem proteção de maneira paternalista, mas ensinam que a verdadeira segurança vem do conhecimento, da coragem e do equilíbrio. Aqueles que os reconhecem como guias e aprendem com seus ensinamentos descobrem um mundo novo, onde a força espiritual se manifesta de forma consciente e responsável. Os dragões não apenas guardam segredos e conhecimentos ancestrais; eles guardam aqueles que estão prontos para despertar para sua verdadeira essência.

Capítulo 15
Evolução da Consciência

A evolução da consciência humana é um processo contínuo de expansão e transformação, impulsionado por desafios que exigem coragem, discernimento e um profundo compromisso com o autoconhecimento. Em diversas tradições espirituais, os dragões representam essa jornada, simbolizando tanto as forças que testam o indivíduo quanto as que o guiam em direção a estados mais elevados de percepção. Esses seres, frequentemente descritos como guardiões da sabedoria ancestral, não apenas protegem conhecimentos ocultos, mas também atuam como catalisadores da mudança interior, conduzindo aqueles que estão prontos para atravessar os portais da compreensão ampliada. Sua energia manifesta-se como um chamado à superação de limites, desafiando a mente a romper com velhas estruturas e a acessar verdades mais profundas sobre a natureza da realidade e do próprio ser.

A conexão com os dragões no processo de evolução da consciência não ocorre de maneira linear ou previsível. Ela se dá quando o indivíduo atinge um ponto em sua jornada no qual a antiga visão de mundo já não lhe serve mais, e a necessidade de expansão se torna inevitável. Esse despertar muitas vezes ocorre por meio de experiências intensas, sejam elas internas ou externas, que exigem a desconstrução de crenças limitantes e o abandono de padrões obsoletos. Os dragões, nesse contexto, simbolizam a força transformadora que impulsiona essa mudança, representando tanto o desafio quanto a solução. Sua energia atua como um fogo alquímico que purifica e fortalece, levando a consciência a estados mais elevados de percepção. Aqueles que entram em contato com essa força frequentemente relatam um aumento da intuição, uma clareza mental ampliada e uma conexão mais profunda com os aspectos sutis da existência.

Mais do que simples arquétipos de poder e mistério, os dragões refletem uma inteligência cósmica que interage com a humanidade em momentos de grandes transições individuais e coletivas. Ao longo da história, sua presença tem sido associada a períodos de ruptura e renovação, momentos em que a consciência coletiva é impulsionada a evoluir para novos patamares. Eles representam a necessidade de adaptação e crescimento, ensinando que a verdadeira evolução não vem da resistência à mudança, mas da aceitação consciente do fluxo transformador da vida. Para aqueles que sentem o chamado dessa energia, o caminho se abre para uma jornada de profundo autodomínio, onde os desafios não são obstáculos, mas oportunidades de despertar para uma realidade mais ampla e significativa. Dessa forma, a evolução da consciência sob a influência dos dragões não é apenas um processo de aprendizado, mas uma experiência de renascimento, onde o antigo se dissolve para dar lugar ao novo, em um ciclo infinito de expansão e ascensão espiritual.

A evolução da consciência humana ocorre em ciclos, impulsionada por experiências que desafiam a percepção da realidade e incentivam o indivíduo a questionar suas crenças e expandir sua visão de mundo. Os dragões desempenham um papel essencial nesse processo, pois representam a ponte entre o conhecimento oculto e a iluminação. Em algumas tradições esotéricas, são vistos como guardiões dos mistérios cósmicos, seres que testam aqueles que desejam acessar níveis mais elevados de entendimento. Esse teste, no entanto, não se dá por meio de confrontos físicos, como nas lendas medievais, mas através da jornada interna que exige coragem, desapego e a disposição para abandonar antigas ilusões.

A conexão com a energia dracônica pode acelerar a ativação do potencial humano latente. Assim como a serpente que simboliza o despertar da kundalini, os dragões são energias que impulsionam o ser humano a transcender sua própria limitação. Sua presença pode ser sentida por aqueles que se encontram em momentos de profunda transformação, quando antigos padrões estão sendo destruídos para dar lugar a uma nova consciência. Muitas pessoas relatam que, ao entrar em contato com a energia dos dragões, experimentam um aumento da intuição, uma ampliação da percepção e uma sensação intensa de propósito. Isso ocorre porque esses seres atuam como catalisadores da mudança, ajudando a dissolver bloqueios internos e a expandir a visão espiritual.

A influência dos dragões na evolução da consciência não se restringe ao indivíduo. Em um nível coletivo, sua energia se manifesta sempre que a humanidade passa por períodos de grandes transições. Ao longo da história, houve momentos em que novas ideias emergiram, desafiando estruturas estabelecidas e levando a saltos na compreensão da existência. Muitos espiritualistas acreditam que os dragões estão presentes nesses momentos, influenciando a consciência coletiva para que a transformação ocorra de maneira mais harmoniosa e acelerada. Seu papel, nesses casos, é o de estimular a quebra de paradigmas, permitindo que a humanidade se abra para realidades antes consideradas inalcançáveis.

O simbolismo dos dragões como agentes de mudança e despertar pode ser encontrado em diversas tradições espirituais. Na Alquimia, por exemplo, o dragão representa o princípio da matéria-prima bruta que precisa ser refinada e transformada para atingir seu estado de perfeição. Ele é tanto a força destrutiva que dissolve as impurezas quanto o fogo sagrado que purifica e eleva. Esse simbolismo reflete o próprio processo de evolução espiritual, no qual o ser humano precisa enfrentar suas sombras e atravessar desafios internos antes de alcançar um estado mais elevado de consciência.

A presença dos dragões também está associada ao fortalecimento da intuição e à abertura de novos níveis de percepção. Aqueles que estabelecem um vínculo com essa energia frequentemente relatam um aumento na clareza mental e na capacidade de interpretar os sinais sutis do universo. A intuição se torna mais aguçada, permitindo que decisões sejam tomadas com maior confiança e alinhamento com o propósito de vida. Além disso, muitos descrevem experiências de contato com os dragões por meio de sonhos, meditações ou momentos de insight espontâneo, nos quais sentem sua orientação de maneira inconfundível.

Relatos de indivíduos que passaram por experiências profundas com a energia dracônica são numerosos e diversos. Algumas pessoas descrevem encontros em estados meditativos, nos quais um dragão surge como um guia, transmitindo mensagens que ressoam em um nível profundo. Outros afirmam que sua conexão com os dragões os ajudou a superar medos, a enfrentar desafios aparentemente intransponíveis e a redescobrir sua própria força interior. Há também aqueles que relatam sentir uma proteção invisível em momentos de perigo ou transição, como se uma presença ancestral estivesse zelando por eles.

Aqueles que buscam ativamente a conexão com os dragões para auxiliar em seu processo de evolução devem estar preparados para mudanças significativas. A energia dracônica não é sutil ou complacente; ela exige comprometimento e disposição para crescer. Diferente de outras formas de guiança espiritual, os dragões não conduzem o caminho com doçura, mas com a força necessária para que a transformação ocorra de maneira profunda e verdadeira. Seu ensinamento principal é o da autossuficiência, da coragem e da busca incansável pela verdade.

O papel dos dragões na evolução da consciência não se limita a um conceito abstrato ou simbólico. Aqueles que sentem sua presença sabem que sua energia é real e pode ser trabalhada de maneira prática na vida cotidiana. Integrar a sabedoria dos dragões significa aprender a enfrentar desafios sem medo, desenvolver discernimento para perceber o que é essencial e agir com determinação para manifestar mudanças positivas. Eles ensinam que a evolução espiritual não é um caminho de fuga, mas uma jornada de autodomínio e fortalecimento interior.

À medida que mais pessoas despertam para a realidade além do visível, a influência dos dragões na consciência humana tende a se tornar mais evidente. Seu retorno à memória coletiva não é um acaso, mas um sinal de que a humanidade está pronta para acessar níveis mais profundos de sabedoria. Cada vez mais indivíduos relatam sentir sua presença e aprender com sua energia, indicando que esses seres estão novamente se tornando aliados ativos no processo de ascensão planetária.

Os dragões não são apenas figuras de lendas antigas, mas forças vivas que continuam a influenciar aqueles que estão prontos para recebê-las. Seu papel na evolução da consciência é o de desafiar, despertar e fortalecer. Eles estão presentes sempre que uma alma está pronta para transcender suas limitações e abraçar sua verdadeira natureza. Trabalhar com sua energia não é um caminho para os fracos, mas para aqueles que têm a coragem de olhar para dentro de si e aceitar a transformação necessária para evoluir.

O chamado dos dragões ressoa para aqueles que possuem um espírito indomável e uma busca genuína pela verdade. Eles não aparecem para aqueles que procuram atalhos ou recompensas fáceis, mas para os que estão dispostos a percorrer o caminho da iluminação com integridade e determinação. Para aqueles que sentem essa conexão, a jornada é apenas o começo. A presença dos dragões indica que a alma está pronta para despertar para sua verdadeira essência e trilhar um caminho de poder, sabedoria e transformação profunda.

Capítulo 16
Dragões e a Energia Kundalini

A conexão entre dragões e a energia kundalini manifesta-se como um elo profundo entre o simbolismo mítico e a realidade energética presente no ser humano. Dragões são arquétipos universais de poder, transformação e conhecimento oculto, representando forças primordiais que podem tanto proteger quanto desafiar aqueles que ousam despertar sua verdadeira essência. A energia kundalini, frequentemente descrita como uma serpente adormecida na base da coluna vertebral, é uma força latente que, quando ativada, percorre os centros energéticos do corpo, promovendo expansão da consciência e transmutação interior. A relação entre ambos não se dá apenas no campo das metáforas, mas reflete uma realidade experimentada por aqueles que vivenciam o despertar espiritual, onde forças poderosas são desencadeadas, exigindo equilíbrio, disciplina e compreensão para serem devidamente integradas. Assim como os dragões das lendas guardam tesouros ocultos em cavernas profundas, a kundalini resguarda dentro do ser humano um potencial de iluminação que aguarda o momento certo para emergir, conduzindo a uma jornada de autodescobrimento e elevação.

A ascensão da kundalini é comparável à jornada do herói que enfrenta e, eventualmente, doma o dragão. Nos mitos, o confronto com o dragão não simboliza apenas uma batalha externa, mas representa um processo interno de superação de medos, purificação emocional e integração da própria sombra. Da mesma forma, o despertar da kundalini exige que o indivíduo enfrente os aspectos não resolvidos de sua psique, permitindo que essa força ascenda de maneira equilibrada, sem gerar desequilíbrios físicos, emocionais ou espirituais. Se despertada abruptamente ou sem preparo adequado, essa energia pode desencadear turbulências, manifestando-se como crises existenciais, intensificação de traumas ou até mesmo sensações físicas avassaladoras. No entanto, quando ativada de forma consciente e progressiva, a kundalini proporciona clareza mental, expansão da percepção e alinhamento com dimensões superiores da existência. Nesse contexto, o dragão não é um inimigo a ser derrotado, mas uma manifestação do próprio poder interior que precisa ser compreendido e direcionado para um propósito elevado.

    A presença dos dragões em mitologias e tradições esotéricas ao redor do mundo reforça sua ligação com a kundalini como uma força cósmica reguladora da vida. No Oriente, os dragões são frequentemente associados à energia vital, chamada Qi, que circula pelo corpo e pelo universo, sustentando a harmonia dos ciclos naturais. No hinduísmo, a serpente cósmica Shesha representa a energia primordial que dá suporte à existência, refletindo a natureza oculta da kundalini. No Ocidente, a imagem do dragão guardando tesouros ocultos remete ao potencial espiritual latente dentro de cada indivíduo, um poder que precisa ser despertado com sabedoria para revelar sua verdadeira grandiosidade. Dessa forma, a relação entre dragões e kundalini transcende alegorias e se manifesta como um princípio universal, onde o despertar da energia vital é um chamado à transformação, exigindo coragem, equilíbrio e preparo para que sua força seja utilizada de maneira construtiva e iluminadora.

Em muitas culturas, o dragão simboliza a força primordial, a energia bruta do universo que precisa ser refinada e direcionada para um propósito elevado. O paralelo entre o dragão e a kundalini não é apenas metafórico, mas uma correspondência energética real percebida por aqueles que passaram por processos de despertar espiritual. Assim como o dragão, a kundalini pode ser um agente de destruição ou de iluminação, dependendo da forma como é despertada e conduzida. Quando ativada de maneira equilibrada, essa energia traz clareza, expansão da percepção e alinhamento espiritual. No entanto, se despertada sem a devida preparação, pode gerar turbulências emocionais, desorientação e até crises existenciais.

Os dragões representam o movimento ascendente da kundalini e sua transformação ao longo dos chakras. No estágio inicial, a energia está adormecida, simbolizada pelo dragão adormecido em cavernas ou em lugares ocultos, esperando o momento certo para despertar. Quando ativada, a energia sobe pela coluna vertebral, despertando cada centro energético e trazendo mudanças em diversos aspectos da vida. Esse processo é semelhante à jornada do herói que enfrenta um dragão: não se trata de destruí-lo, mas de aprender a dominá-lo e integrá-lo.

A ativação da kundalini é frequentemente descrita como uma sensação de calor intenso subindo pela espinha, acompanhada de insights profundos, maior sensibilidade energética e mudanças na percepção da realidade. Algumas pessoas relatam que, durante esse processo, tiveram visões de dragões, seja em sonhos, estados meditativos ou mesmo como impressões visuais fugazes no mundo desperto. Esses relatos sugerem que os dragões podem atuar como guias ou manifestações simbólicas dessa força vital em ascensão.

A conexão entre os dragões e a kundalini também pode ser observada na mitologia e nas tradições esotéricas. No Oriente, os dragões são frequentemente retratados como forças celestes associadas à iluminação e à sabedoria. No Taoísmo, o dragão é símbolo da energia vital chamada **Qi**, que circula pelo corpo e pelo universo, regulando os ciclos da vida. No hinduísmo, a serpente cósmica Shesha, sobre a qual Vishnu repousa, é uma representação clara dessa energia latente que sustenta a existência. Já na tradição ocidental, a figura do dragão guardando tesouros e cavernas pode ser vista como uma metáfora para a energia espiritual oculta dentro do ser humano, que precisa ser despertada e integrada conscientemente.

Muitas pessoas que experimentaram o despertar da kundalini relatam sentir uma presença intensa, algo que não pode ser descrito apenas como energia impessoal, mas como uma força consciente, quase como um ser observador. Há aqueles que descrevem a sensação de um olhar invisível, como se uma entidade estivesse acompanhando o processo. Em alguns casos, sonhos com dragões aparecem justamente nesses momentos de transição, como se a energia kundalini assumisse essa forma simbólica para se comunicar com a psique do indivíduo.

Trabalhar com a kundalini exige equilíbrio, pois sua ativação desperta tanto aspectos luminosos quanto sombras internas que precisam ser enfrentadas. O dragão é um símbolo dessa dualidade: pode ser destruidor quando sua força é ignorada ou usada de maneira imprudente, mas também é um mestre para aqueles que compreendem sua verdadeira natureza. Assim como um dragão alado que sobe aos céus, a kundalini, quando guiada corretamente, eleva a consciência a níveis superiores, permitindo que o indivíduo tenha experiências espirituais mais profundas e uma compreensão expandida da realidade.

Para despertar e trabalhar com essa energia de maneira segura, é essencial adotar práticas que promovam equilíbrio e preparo gradual. Meditações focadas na respiração consciente e no alinhamento dos chakras ajudam a estabilizar a energia antes que ela comece a ascender. Técnicas de visualização, onde se imagina uma serpente ou um dragão subindo pela coluna, podem auxiliar no direcionamento dessa força de maneira consciente. O uso de posturas de yoga específicas, como asanas que ativam o chakra raiz e o chakra da coroa, também é indicado para harmonizar essa energia e evitar desequilíbrios.

Outro aspecto fundamental é a purificação emocional e mental. A energia kundalini amplifica tudo o que já existe dentro do indivíduo, tanto aspectos positivos quanto bloqueios não resolvidos. Por isso, aqueles que desejam despertar essa força devem primeiro trabalhar na limpeza de traumas, crenças limitantes e emoções reprimidas. Muitos relatos de experiências difíceis com a kundalini ocorrem porque a energia encontra obstáculos internos e precisa quebrá-los abruptamente, o que pode gerar crises emocionais ou físicas.

Além das práticas individuais, a conexão com os dragões como arquétipos pode ser uma ferramenta poderosa nesse processo. Algumas tradições ensinam que invocar a energia dracônica antes de práticas de meditação ou expansão da consciência pode trazer proteção e orientação. Isso pode ser feito através de rituais simples, como acender velas ou incensos enquanto se mentaliza a presença de um dragão guardião, pedindo que essa força auxilie na harmonização da energia kundalini.

Há também aqueles que percebem os dragões como manifestações da própria kundalini em diferentes estágios de desenvolvimento. No início, pode surgir a imagem de um dragão terrestre, robusto e ainda ligado ao plano material, representando o despertar inicial da energia. Conforme o processo avança, o dragão pode aparecer alado, simbolizando a ascensão pelos centros superiores de consciência. No estágio final, pode surgir como uma entidade de pura luz, representando a fusão completa entre matéria e espírito.

A relação entre os dragões e a kundalini não é apenas um conceito esotérico, mas uma experiência vivida por muitos que trilham caminhos de despertar espiritual. A presença dos dragões nesse processo reforça a ideia de que o despertar da consciência não é apenas um fenômeno energético, mas um evento que envolve arquétipos profundos do inconsciente coletivo. O dragão não é apenas um símbolo de força e poder, mas também um guia para aqueles que estão prontos para atravessar os portais da transformação.

A energia kundalini é a chave para acessar dimensões superiores da existência, mas seu despertar exige responsabilidade e preparo. Os dragões, como guardiões dessa força, ensinam que o verdadeiro poder não está em forçar a evolução, mas em permitir que ela ocorra de forma natural e equilibrada. Trabalhar com essa energia é assumir um compromisso com a própria expansão da consciência e estar disposto a enfrentar tudo o que precisa ser transmutado.

O caminho da kundalini é a jornada do dragão: uma travessia de desafios e descobertas que conduz ao despertar da verdadeira essência. Aqueles que escutam o chamado desse poder ancestral e o honram com respeito encontram não apenas transformação, mas um novo sentido para sua existência. O dragão da kundalini não destrói para punir, mas para revelar aquilo que sempre esteve oculto, esperando ser compreendido e integrado na luz da consciência desperta.

Capítulo 17
Dragões e a Proteção do Planeta

A presença dos dragões no equilíbrio do planeta não se limita à esfera mitológica, mas se manifesta como um princípio energético que transcende culturas e épocas. Esses seres, frequentemente associados aos elementos primordiais da natureza, desempenham um papel essencial na manutenção da harmonia do meio ambiente e dos fluxos energéticos da Terra. Desde as civilizações mais antigas, há relatos de dragões como guardiões de rios, montanhas e florestas, representando forças que regulam a vida e asseguram a continuidade dos ciclos naturais. Seu vínculo com os ecossistemas não é apenas simbólico; muitas tradições espirituais acreditam que esses seres atuam nos planos sutis, sustentando a vitalidade de locais sagrados e protegendo a pureza dos recursos naturais. Eles são vistos como entidades de grande sabedoria, cuja missão está diretamente conectada à preservação do equilíbrio planetário, garantindo que as forças naturais fluam de maneira harmoniosa e que a humanidade compreenda sua responsabilidade na proteção da Terra.

A conexão entre os dragões e os elementos da natureza reforça a ideia de que sua presença está intrinsecamente ligada ao funcionamento dos sistemas ambientais. Os dragões terrestres, por exemplo, são descritos como guardiões das forças telúricas, aqueles que mantêm a estabilidade geológica do planeta e supervisionam os fluxos de energia subterrânea. Em diversas culturas, montanhas e cavernas são consideradas moradas desses seres, locais onde a energia da Terra é mais intensa e necessita de proteção especial. Já os dragões aquáticos são associados às fontes de vida do planeta, garantindo a pureza dos rios, lagos e oceanos. Em várias tradições, a poluição e a destruição de ecossistemas aquáticos são interpretadas como sinais da retirada da energia dracônica, deixando esses locais vulneráveis ao desequilíbrio e à degradação. Os dragões do fogo, por sua vez, representam o princípio da transmutação e renovação. Embora frequentemente associados à destruição, eles cumprem uma função essencial na regeneração dos ecossistemas, como ocorre nos incêndios naturais que, apesar de devastadores, contribuem para a fertilização do solo e a renovação da vida. Por fim, os dragões do ar simbolizam o movimento e a circulação das energias vitais, regulando os padrões climáticos e promovendo a harmonia entre os elementos. Sua influência está presente nos ventos, nas tempestades e na sutileza das mudanças sazonais, refletindo o equilíbrio necessário para a continuidade da existência na Terra.

    A atuação dos dragões na proteção do planeta não se limita às forças naturais, mas também envolve a interação com aqueles que buscam reconectar-se com a consciência da Terra. Muitas pessoas relatam experiências espirituais em que sentem a presença desses seres ao meditar em locais de alta vibração energética, como florestas intocadas, montanhas isoladas ou nas proximidades de grandes corpos d'água. Essas experiências sugerem que os dragões não são apenas figuras mitológicas, mas inteligências que permanecem ativas em dimensões sutis, auxiliando aqueles que estão comprometidos com a preservação da vida e o equilíbrio do planeta. Para estabelecer uma conexão mais profunda com essas forças, práticas como meditação em ambientes naturais, rituais de gratidão aos elementos e o cultivo de uma consciência ecológica são essenciais. A missão dos dragões não é apenas proteger a Terra, mas também despertar na humanidade o entendimento de que todos fazem parte desse mesmo sistema vivo. Honrar a presença dessas forças significa reconhecer a sacralidade da natureza e agir de maneira responsável, adotando práticas sustentáveis e respeitando os ciclos naturais. Quando a humanidade finalmente compreender essa interdependência, poderá atuar em parceria com essas forças ancestrais, tornando-se, assim como os dragões, guardiã da vida e do equilíbrio planetário.

A relação entre os dragões e a Terra é tão antiga quanto a própria existência do planeta. Diferentes tradições espirituais relatam que esses seres possuem um papel ativo na manutenção do equilíbrio energético da natureza. No Oriente, os dragões são considerados espíritos da natureza, ligados aos rios, montanhas e florestas. Na China, o dragão celeste simboliza o fluxo da energia vital que percorre a Terra, sendo responsável por regular o ciclo das estações e a fertilidade do solo.

Essa mesma visão pode ser encontrada em mitologias xamânicas, onde grandes serpentes aladas são vistas como protetoras dos segredos da floresta e dos ciclos naturais.

A ideia de que os dragões atuam como guardiões do planeta também se reflete nas lendas que falam sobre sua relação com pontos energéticos sagrados. Muitos locais de poder ao redor do mundo, como montanhas imponentes, cavernas profundas e ilhas isoladas, são tradicionalmente associados à presença dracônica. Diz-se que esses lugares guardam uma energia especial, como se fossem vórtices de força que sustentam o equilíbrio do planeta. Alguns místicos afirmam que esses pontos energéticos são mantidos pelos dragões, que protegem sua vibração e impedem que forças desarmônicas interfiram nesses campos sutis.

Os dragões da terra, em particular, são considerados os principais responsáveis pela proteção do ecossistema planetário. Sua presença é associada à estabilidade geológica e à manutenção das forças telúricas que percorrem o planeta. Há registros de culturas antigas que acreditavam que grandes dragões repousavam sob as montanhas e que seus movimentos podiam influenciar a atividade sísmica. Embora essa visão tenha sido interpretada de forma simbólica pela ciência moderna, no esoterismo essa ideia representa o fluxo das energias subterrâneas que alimentam a vida na superfície.

No caso dos dragões de água, sua influência está ligada à purificação e preservação das fontes naturais. Em diversas mitologias, eles aparecem como seres que habitam lagos, rios e oceanos, protegendo a pureza dessas águas e garantindo que seus ciclos se mantenham harmoniosos. Algumas tradições sugerem que, quando um corpo d'água é poluído ou destruído, a energia dracônica se retira desse local, deixando-o vulnerável a degradações ainda maiores. Essa crença reforça a ideia de que a preservação ambiental não é apenas uma questão física, mas também energética.

Os dragões de fogo, por sua vez, simbolizam a transformação e a regeneração. Em muitas tradições, são vistos como forças que renovam a vida, destruindo o que já não serve para abrir espaço para o novo. Seu papel na proteção do planeta está relacionado à purificação das energias e à transmutação de influências negativas. Algumas culturas interpretam os incêndios naturais que ocorrem em florestas como manifestações dessa energia, pois, apesar da destruição inicial, esses eventos muitas vezes resultam no renascimento da vegetação e no fortalecimento do solo.

Já os dragões de ar são os mensageiros do equilíbrio planetário, atuando na circulação das correntes energéticas e na manutenção da harmonia entre os diferentes elementos. São frequentemente associados ao vento e às mudanças climáticas, sendo considerados reguladores das forças invisíveis que mantêm a Terra viva. Em algumas tradições, acredita-se que esses dragões comunicam-se com aqueles que estão sintonizados com a natureza, transmitindo mensagens sobre os ciclos planetários e os ajustes necessários para manter o equilíbrio.

A conexão entre os dragões e a proteção do planeta não é apenas uma questão mitológica, mas também um chamado para que a humanidade assuma seu papel como guardiã da Terra. Muitas das lendas que falam sobre dragões protetores da natureza contêm um ensinamento profundo sobre a necessidade de respeitar e preservar o meio ambiente. Em diversas tradições, há histórias de dragões que se retiraram de determinados locais devido à destruição causada pelos seres humanos, indicando que sua presença está diretamente ligada à harmonia entre a humanidade e a natureza.

Atualmente, há muitas pessoas que sentem a presença desses seres em momentos de conexão profunda com a natureza. Meditadores e praticantes espirituais relatam experiências onde percebem a energia dracônica em florestas intocadas, montanhas isoladas ou ao lado de grandes corpos d'água. Alguns descrevem sensações de proteção e força, como se estivessem sendo observados por uma consciência antiga e sábia. Outros afirmam receber mensagens intuitivas sobre a importância de proteger determinados locais e de manter uma relação mais equilibrada com o meio ambiente.

Para aqueles que desejam se alinhar com a missão dos dragões na proteção do planeta, algumas práticas podem ser adotadas. Meditar em locais naturais e estabelecer uma intenção de conexão com a energia da Terra pode abrir canais para essa interação. Realizar rituais de gratidão à natureza, como oferendas simbólicas de flores ou cristais, demonstra respeito por essas forças e fortalece o vínculo com a consciência dracônica. Trabalhar diretamente com os elementos – acendendo uma vela para honrar o fogo, purificando-se em uma fonte de água, sentindo a energia da terra sob os pés e respirando profundamente o ar puro – são formas simples, mas poderosas, de integrar essa conexão no dia a dia.

A missão dos dragões na proteção do planeta é também um lembrete de que a humanidade possui um papel ativo nesse processo. Cuidar do meio ambiente, reduzir a degradação dos recursos naturais e promover um estilo de vida mais sustentável são maneiras práticas de colaborar com essa missão. A energia dracônica não se manifesta apenas em experiências espirituais, mas também na ação consciente daqueles que buscam preservar a vida e o equilíbrio da Terra.

Os dragões são forças vivas que sustentam o planeta, garantindo que seu ciclo natural continue fluindo. Sua presença pode ser sutil, mas está sempre ativa, protegendo os lugares onde a energia da Terra pulsa com mais intensidade. Para aqueles que sentem seu chamado, o convite é claro: integrar-se a essa missão e tornar-se, assim como os dragões, um guardião da harmonia planetária. A proteção da Terra não é responsabilidade exclusiva dessas forças espirituais, mas uma tarefa compartilhada entre todos os seres que dela fazem parte. Quando a humanidade reconhecer essa verdade, talvez os dragões retornem plenamente, revelando-se não apenas como mitos do passado, mas como aliados no futuro da Terra.

Capítulo 18
Dragões na Magia e nos Rituais

A magia dracônica é um caminho de profundo poder e transformação, acessível apenas àqueles que possuem respeito, dedicação e preparo espiritual para lidar com forças ancestrais de grande magnitude. Os dragões, longe de serem apenas criaturas lendárias, são considerados guardiões do conhecimento oculto e das energias primordiais do universo. Seu papel na magia transcende mitologias, pois representam o domínio dos elementos, a transmutação do espírito e a busca pela sabedoria ancestral. Trabalhar com a magia dos dragões exige compromisso, pois sua energia não é passiva nem indulgente; ela desafia, fortalece e ensina através de experiências diretas e intensas. Aqueles que buscam sua conexão precisam estar dispostos a encarar sua própria essência, lapidar suas fraquezas e se transformar para poder lidar com a força indomável dessas entidades.

Os rituais envolvendo dragões não são simples formalidades esotéricas, mas processos sagrados que estabelecem um canal entre o praticante e as forças dracônicas. Ao longo da história, diversas tradições descreveram métodos específicos para invocar e interagir com esses seres, variando conforme a cultura e a intenção do magista. No Oriente, sacerdotes taoístas utilizavam símbolos e mantras para honrar os dragões, buscando equilíbrio e proteção para suas comunidades. No Ocidente, a tradição hermética e alquímica via os dragões como símbolos do grande mistério da criação, forças que guardavam segredos da transmutação espiritual e do domínio dos elementos. Cada dragão possui uma vibração única e atua dentro de um campo específico: dragões de fogo promovem coragem e transformação, dragões de água auxiliam na intuição e na purificação emocional, dragões de terra garantem estabilidade e força, enquanto dragões de ar estimulam a mente e a expansão da consciência. A invocação correta desses seres exige alinhamento vibracional, rituais bem estruturados e uma intenção clara, pois sua presença pode ser avassaladora para aqueles que não estão preparados para a intensidade de sua energia.

A relação entre magistas e dragões não é baseada em submissão ou pedidos egoístas, mas em aprendizado mútuo e respeito. Os dragões não se deixam manipular nem se submetem a vontades humanas banais. Eles ensinam a autossuficiência, a disciplina e a força interior, guiando os praticantes por meio de desafios que impulsionam seu crescimento espiritual. Os relatos de contato com essas entidades muitas vezes incluem sonhos vívidos, visões durante meditações e manifestações energéticas intensas, como mudanças de temperatura no ambiente, sensação de uma presença poderosa ou insights profundos sobre questões pessoais e universais. Trabalhar com a magia dracônica significa trilhar um caminho de transformação contínua, onde o praticante deve provar sua determinação e integridade antes de receber qualquer conhecimento ou auxílio dessas forças. Aqueles que conseguem estabelecer uma conexão verdadeira com os dragões descobrem que eles não são apenas guardiões do conhecimento, mas também aliados fiéis na jornada espiritual, prontos para orientar, proteger e revelar segredos profundos sobre o universo e a própria essência do ser.

Na antiguidade, muitas civilizações possuíam cultos voltados à veneração de seres dracônicos. No Oriente, os dragões eram considerados manifestações do fluxo cósmico da energia vital e estavam associados à harmonia dos elementos. Sacerdotes taoístas realizavam rituais para honrar os dragões e buscar seu auxílio na proteção das colheitas e no equilíbrio das forças naturais. No Ocidente, alquimistas e magos ocultistas viam os dragões como guardiões do conhecimento oculto, responsáveis por testar aqueles que buscavam a sabedoria dos grandes mistérios. Textos herméticos mencionam que a essência do dragão é a própria força da criação, uma energia bruta que precisa ser refinada e compreendida para que se torne uma aliada na jornada espiritual.

Os dragões podem ser invocados e trabalhados em rituais para diferentes propósitos. Em práticas de proteção, sua energia pode ser utilizada para criar barreiras energéticas poderosas, afastando influências indesejáveis e fortalecendo o campo áurico do praticante. Para a cura, sua presença pode ser solicitada para atuar no desbloqueio de centros energéticos e na restauração da vitalidade. Já em processos de transformação, os dragões ajudam a romper padrões antigos, trazendo coragem e força para encarar mudanças profundas. Sua presença não é sutil, e aqueles que trabalham com eles frequentemente relatam uma sensação intensa de poder e renovação ao realizar tais rituais.

Para estabelecer uma conexão eficaz com os dragões, alguns símbolos e ferramentas podem ser empregados. O uso de velas coloridas, especialmente nas tonalidades vermelha, dourada e azul, é comum em rituais dracônicos, pois essas cores representam força, sabedoria e proteção. Cristais como a obsidiana, o quartzo fumê e a ametista também são utilizados para sintonizar-se com a energia dos dragões, pois possuem propriedades que auxiliam na expansão da percepção e na ancoragem da força espiritual. Talismãs e sigilos específicos podem ser desenhados em pergaminhos ou esculpidos em pedras, servindo como canais para a manifestação da presença dracônica durante as práticas mágicas.

A invocação dos dragões requer preparo e seriedade. Esses seres não respondem a chamados triviais ou a intenções superficiais. Antes de realizar qualquer ritual, é essencial que o praticante esteja em estado de concentração e respeito, reconhecendo a magnitude da energia com a qual deseja trabalhar. Muitos relatos de magistas que tentaram evocar os dragões sem o devido preparo indicam que tais experiências podem ser avassaladoras ou até mesmo gerar desconforto, pois a energia dracônica é intensa e exige alinhamento vibracional. Dessa forma, a meditação e o fortalecimento do campo energético pessoal são passos fundamentais antes de qualquer contato.

Um dos métodos mais tradicionais de invocação envolve a criação de um círculo de energia, onde o praticante traça um espaço sagrado e chama os dragões para dentro desse vórtice. Esse processo pode incluir a entoação de mantras ou palavras de poder que ressoem com a frequência dracônica. Algumas escolas esotéricas ensinam que os nomes dos dragões variam de acordo com sua natureza elementar e que cada tipo de dragão possui um padrão vibracional distinto, devendo ser chamado de maneira específica para que sua energia seja acessada corretamente.

Além da invocação, a comunicação com os dragões pode ocorrer através de sonhos e visões. Muitos praticantes relatam que, após estabelecerem uma conexão inicial, os dragões se manifestam espontaneamente durante o sono, transmitindo mensagens simbólicas ou orientações sobre o caminho espiritual. Em algumas tradições, acredita-se que os dragões escolhem aqueles com quem desejam trabalhar, e não o contrário. Isso significa que, mesmo que um praticante deseje se conectar com essas energias, a resposta dependerá do grau de sintonia e comprometimento demonstrado ao longo do tempo.

Trabalhar com a magia dracônica também envolve responsabilidade. Diferente de outras formas de magia, que podem ser mais sutis e acessíveis, a energia dos dragões pode ser transformadora e, por vezes, desafiadora. Aqueles que buscam sua orientação devem estar preparados para lidar com mudanças profundas e ensinamentos que podem ser desconfortáveis. Os dragões não concedem favores gratuitamente; eles ensinam a autossuficiência e a força interior. Seus ensinamentos frequentemente envolvem desafios que levam ao crescimento espiritual e ao fortalecimento pessoal.

A ética ao trabalhar com os dragões é um aspecto crucial. Diferente de outras entidades espirituais que podem atuar de maneira compassiva e paciente, os dragões exigem que suas leis sejam respeitadas. Tentar manipular sua energia para fins egoístas ou utilizar sua força de maneira irresponsável pode trazer consequências inesperadas. Magistas experientes enfatizam que os dragões não toleram desrespeito e que sua presença deve ser honrada com humildade e sinceridade. Pedidos feitos de maneira imprópria ou com intenções desonestas geralmente não são atendidos, e em alguns casos, o praticante pode sentir uma espécie de "repulsão energética", impedindo que a conexão se estabeleça.

Há inúmeros relatos de experiências mágicas envolvendo dragões. Alguns praticantes descrevem sentir a presença de um grande ser observando-os durante rituais, enquanto outros afirmam ter visto sombras ou formas luminosas ao seu redor. Há também aqueles que relatam sensações físicas intensas, como um aumento súbito de calor corporal ou uma sensação de peso no ambiente, indicando a manifestação dracônica. Em algumas experiências mais avançadas, os praticantes afirmam ter recebido instruções diretas dos dragões, ensinamentos sobre a natureza da realidade ou até mesmo vislumbres de vidas passadas conectadas a essas entidades.

A magia dos dragões é um caminho que exige comprometimento, respeito e coragem. Aqueles que trilham esse caminho descobrem que os dragões não são apenas seres mitológicos, mas forças vivas que podem atuar como guias e aliados espirituais. Sua presença traz força, discernimento e um senso de conexão profunda com os mistérios do universo. Mais do que simplesmente invocá-los para obter favores, o verdadeiro propósito do trabalho com os dragões é a transformação pessoal e a integração de sua sabedoria na jornada evolutiva do praticante.

O chamado dos dragões na magia e nos rituais não é para todos. Ele ressoa apenas com aqueles que possuem a disposição de enfrentar desafios e aprender com uma energia intensa e implacável. Trabalhar com os dragões não é um caminho para os fracos ou impacientes, mas para aqueles que buscam um entendimento mais profundo da vida, do poder e da responsabilidade que advém do conhecimento verdadeiro. Para aqueles que aceitam esse chamado, a jornada é uma de profunda evolução, onde os dragões se tornam não apenas guardiões, mas mestres e aliados na grande dança do universo.

Capítulo 19
Encontros com Dragões

Os encontros com dragões no plano espiritual transcendem os limites do mito e da imaginação, manifestando-se como experiências profundas que impactam significativamente aqueles que os vivenciam. Esses encontros ocorrem em estados ampliados de consciência, como sonhos lúcidos, meditações profundas e projeções astrais, onde os dragões surgem como guardiões do conhecimento, mensageiros de transformação e protetores espirituais. Suas aparições não são meras construções da mente subconsciente, mas eventos que ressoam no nível da alma, carregando ensinamentos e desafios destinados a despertar potenciais ocultos. Para muitos, a presença de um dragão não é apenas uma visão simbólica, mas uma interação real com uma força primordial que auxilia na jornada de autoconhecimento, exigindo coragem e disposição para enfrentar verdades profundas.

Nos sonhos, os dragões costumam surgir em cenários imponentes, como montanhas sagradas, cavernas iluminadas por cristais ou vastas paisagens etéreas, sugerindo que essas experiências transcendem o domínio do inconsciente e acessam dimensões espirituais superiores. Nesses encontros, eles podem agir como observadores silenciosos, avaliando a energia do sonhador antes de estabelecer uma comunicação direta, ou como guias que conduzem a descobertas sobre a própria essência. Algumas pessoas relatam que os dragões falam por meio de telepatia, transmitindo mensagens codificadas em símbolos e emoções, enquanto outras descrevem diálogos claros, onde recebem conselhos sobre sua jornada espiritual. Além dos sonhos, a meditação é outro meio poderoso para acessar esses seres. Muitos praticantes relatam que, ao atingir um estado profundo de relaxamento e foco, começam a perceber a presença de um dragão como uma energia quente e envolvente ou como uma forma visual majestosa que transmite força e sabedoria.

Aqueles que experimentam esses encontros frequentemente notam mudanças em sua percepção e energia após o contato. A presença de um dragão pode desencadear um despertar interior, levando a uma maior clareza sobre o propósito de vida e fortalecendo a conexão com o próprio poder pessoal. Sinais sutis começam a surgir no cotidiano, como imagens recorrentes de dragões em livros, arte ou sonhos subsequentes, reforçando a continuidade desse vínculo. Alguns indivíduos relatam sincronicidades intensas, como encontrar referências a dragões em momentos decisivos ou sentir uma presença protetora em situações desafiadoras. Esses encontros não são apenas eventos isolados, mas marcam o início de uma transformação profunda, onde o dragão se torna um mentor espiritual que guia, desafia e fortalece aqueles que estão prontos para trilhar o caminho da evolução e do despertar.

Os sonhos são um dos meios mais frequentes nos quais os dragões se manifestam. Muitas pessoas relatam que, em momentos de grande transformação pessoal ou quando estão buscando respostas para dilemas internos, os dragões surgem em seus sonhos com uma presença imponente, comunicando-se por meio de imagens, símbolos ou, em alguns casos, através de palavras telepáticas. Esses encontros costumam ocorrer em paisagens grandiosas, como montanhas colossais, cavernas repletas de cristais ou reinos flutuantes, sugerindo que tais visões pertencem a dimensões superiores ou registros ancestrais da alma.

Há aqueles que descrevem a presença de um dragão observando-os à distância, como se testassem sua coragem e disposição para aprender. Em outros relatos, os dragões surgem próximos, guiando os sonhadores por caminhos desconhecidos, mostrando visões de vidas passadas ou ensinando lições sobre equilíbrio e força interior. Algumas experiências relatam que os dragões aparecem para auxiliar no enfrentamento de medos profundos, simbolizando a necessidade de encarar desafios internos antes de seguir adiante na jornada espiritual.

Além dos sonhos, muitas pessoas relatam encontros com dragões durante estados meditativos profundos. Através de práticas de respiração, visualização e foco, algumas conseguem sentir sua presença de maneira intensa, percebendo imagens vívidas, ondas de energia ou uma sensação de calor e proteção ao seu redor. Durante essas meditações, algumas descrevem ver dragões de cores vibrantes que parecem se comunicar telepaticamente, transmitindo mensagens sobre sua jornada pessoal e oferecendo insights sobre o momento presente. Para muitos, essas experiências são transformadoras, gerando uma nova compreensão sobre si mesmos e seu propósito de vida.

Outro meio pelo qual os encontros com dragões ocorrem é a projeção astral. Viajantes astrais experientes relatam ter sido conduzidos por dragões através de portais dimensionais, acessando reinos desconhecidos e absorvendo ensinamentos profundos. Alguns afirmam que os dragões atuam como protetores nesses planos, garantindo que a alma projetada não se desvie para zonas de baixa vibração ou seja influenciada por entidades negativas. Em alguns casos, os dragões parecem agir como guardiões de conhecimento oculto, testando aqueles que desejam acessar determinados registros e permitindo sua entrada apenas quando consideram que o buscador está pronto.

A natureza dessas interações varia de acordo com a maturidade espiritual e o nível de consciência do indivíduo. Para alguns, os dragões aparecem de forma simbólica, representando aspectos internos que precisam ser trabalhados, como a coragem, a determinação ou o domínio dos impulsos primitivos. Para outros, os encontros parecem ser experiências reais em planos espirituais superiores, onde esses seres atuam como guias e transmissores de ensinamentos cósmicos. A linha entre o simbólico e o real pode ser tênue, mas o impacto dessas experiências na vida daqueles que as vivenciam é inegável.

Os sinais deixados pelos dragões após esses encontros podem se manifestar de diversas formas no mundo físico. Algumas pessoas relatam encontrar imagens de dragões inesperadamente, seja em livros, pinturas ou esculturas, como se o universo estivesse reforçando a presença desse arquétipo em suas vidas. Outras percebem mudanças em sua energia pessoal, sentindo-se mais fortes, protegidas ou com maior clareza mental após um encontro com um dragão em sonho ou meditação. Há também relatos de sincronicidades, onde informações sobre dragões começam a aparecer repetidamente no cotidiano, sugerindo um chamado para aprofundar essa conexão.

Interpretar esses sinais requer sensibilidade e introspecção. Cada experiência é única e carrega um significado pessoal para quem a vivencia. Para compreender a mensagem de um dragão, é importante refletir sobre o contexto do encontro, as emoções sentidas e os ensinamentos transmitidos. Em alguns casos, os dragões aparecem para alertar sobre escolhas ou caminhos a serem tomados, enquanto em outros, surgem como confirmação de que o indivíduo está no caminho certo. Independentemente da forma como se manifestam, esses encontros deixam uma marca duradoura e despertam um novo nível de consciência naqueles que os vivenciam.

O impacto desses encontros no despertar espiritual é profundo. Muitos que passam por essas experiências relatam uma ampliação da percepção sobre a realidade, sentindo-se mais conectados ao universo e às energias sutis que o permeiam. A presença de um dragão pode significar um chamado para a transformação interior, um convite para superar medos e expandir o entendimento da própria existência. Alguns indivíduos passam a desenvolver habilidades intuitivas mais aguçadas após esses encontros, sentindo uma maior facilidade em captar mensagens sutis ou perceber a energia ao seu redor com mais nitidez.

Os relatos de encontros com dragões sugerem que esses seres atuam como catalisadores da evolução espiritual. Sua energia, poderosa e imponente, não permite ilusões ou escapismos. Quando surgem na vida de alguém, trazem consigo um chamado para que essa pessoa enfrente sua verdade, abrace sua força e caminhe com coragem em direção ao autoconhecimento. Diferente de outras formas de guiança espiritual, que podem ser mais suaves e compassivas, os dragões desafiam aqueles que os encontram a assumirem plena responsabilidade sobre sua jornada.

Para aqueles que buscam esse tipo de contato, a chave está na abertura e na intenção sincera. Trabalhar a conexão com os dragões requer paciência, respeito e disposição para aprender. A prática da meditação, o estudo dos símbolos dracônicos e a observação dos sinais no cotidiano são formas de fortalecer essa ligação e permitir que esses seres se manifestem de maneira mais clara. Os dragões não aparecem por acaso; sua presença é um reflexo da prontidão espiritual de quem os encontra.

Os encontros com dragões, sejam eles simbólicos ou espirituais, são sempre marcantes e transformadores. Eles representam um convite para olhar além do visível, expandir os horizontes da consciência e abraçar a jornada do despertar com força e determinação. Aqueles que aceitam esse chamado descobrem que os dragões não são apenas figuras de lendas antigas, mas forças vivas que continuam a atuar no plano sutil, guiando e desafiando aqueles que estão prontos para trilhar o caminho da sabedoria e da evolução espiritual.

Capítulo 20
As Linhagens Dracônicas

As linhagens dracônicas representam uma herança espiritual que transcende mitos e lendas, manifestando-se como uma presença real e poderosa na jornada de determinadas almas. A conexão com os dragões não se limita a figuras simbólicas ou arquétipos psicológicos; trata-se de uma ressonância energética profunda, enraizada em memórias ancestrais e padrões vibracionais que atravessam encarnações. Desde tempos imemoriais, algumas linhagens espirituais mantêm uma ligação com essas entidades primordiais, cuja influência molda tanto o caráter quanto a missão de vida daqueles que as carregam. Essa afinidade manifesta-se por meio de uma força interior inabalável, um senso inato de liderança e uma busca incessante por conhecimento oculto e transcendência espiritual. Os que pertencem a essa linhagem sentem, muitas vezes desde a infância, que não se encaixam inteiramente nas estruturas convencionais da sociedade, como se carregassem dentro de si um chamado para algo grandioso e oculto. É uma sensação de pertencimento a algo além do visível, um vínculo com forças que ultrapassam os limites da compreensão humana comum.

O despertar para essa conexão pode ocorrer de diversas maneiras. Algumas pessoas experimentam sonhos recorrentes nos quais interagem com dragões, recebendo ensinamentos ou proteção. Outras sentem uma atração inexplicável por histórias, símbolos e representações dessas entidades, como se uma memória latente fosse acionada ao entrar em contato com tais referências. Há também aqueles que percebem essa influência em seu próprio comportamento e características, possuindo uma personalidade marcada por coragem, determinação e um forte instinto de proteção, como se carregassem o espírito de um guardião ancestral. Além disso, a conexão com os elementos naturais – especialmente fogo, terra, água e ar – pode indicar a presença de um vínculo dracônico, pois os dragões são tradicionalmente associados a essas forças primordiais. Essa ligação elementar pode se manifestar na sensibilidade às mudanças de energia no ambiente, na facilidade para trabalhar com magia ou cura energética e na habilidade de influenciar a vibração ao redor. Esses indícios apontam para uma herança espiritual que transcende a individualidade, conectando o indivíduo a um legado antigo e sagrado.

 Compreender e aceitar essa linhagem é um processo de autodescoberta e aprofundamento espiritual. A energia dracônica não é concedida de maneira arbitrária; ela exige disciplina, honra e um compromisso genuíno com o crescimento interior. A meditação e as práticas de conexão com os dragões são caminhos eficazes para despertar essa consciência, permitindo que a pessoa receba insights e orientações diretamente dessas entidades. Trabalhar com símbolos e práticas associadas a dragões pode fortalecer a sintonia, ajudando a desbloquear lembranças e habilidades latentes. Além disso, explorar a mitologia e os registros históricos sobre dragões pode fornecer pistas valiosas sobre como essa energia se manifesta ao longo das eras e como ela influencia aqueles que a carregam. O chamado dracônico não é apenas uma lembrança distante de um passado perdido, mas um convite para assumir um papel ativo na transformação espiritual e coletiva. Aqueles que respondem a esse chamado tornam-se faróis de sabedoria e força, guiados por uma linhagem que ecoa através dos tempos, desafiando os limites do ordinário e revelando a grandiosidade de um legado que nunca se extinguiu.

    As linhagens dracônicas são frequentemente associadas a indivíduos que demonstram características como força de vontade inabalável, intuição aguçada e um senso de missão muito claro. Pessoas que possuem essa conexão costumam sentir desde cedo que não pertencem inteiramente ao mundo comum, carregando um desejo intenso de desvendar mistérios, explorar dimensões espirituais e compreender realidades além do que os olhos físicos podem ver. Em algumas tradições, acredita-se que essas almas podem ter encarnado em períodos da história onde os dragões eram mais presentes na consciência humana, ou até mesmo que possuem registros energéticos que remetem a civilizações antigas onde a interação com os dragões era direta e respeitada.

O conceito do DNA espiritual sugere que certas memórias e padrões vibracionais podem ser transmitidos de uma encarnação para outra, preservando a essência e a missão de um espírito ao longo de diferentes vidas. Para aqueles que possuem uma herança dracônica, essa influência se manifesta como um chamado interior, uma necessidade quase irresistível de buscar conhecimento oculto, proteger verdades sagradas ou mesmo atuar como guias e líderes espirituais. Esse DNA energético não é algo físico, mas um padrão vibracional que ressoa com a energia dos dragões, criando uma sintonia natural entre o indivíduo e essas forças ancestrais.

Há diversos sinais que podem indicar uma conexão espiritual com os dragões. Um dos mais comuns é o sentimento persistente de familiaridade ao ouvir histórias sobre esses seres ou ao entrar em contato com símbolos dracônicos. Algumas pessoas sentem uma atração inexplicável por imagens de dragões, por mitologias que os envolvem ou por práticas espirituais que trabalham com sua energia. Outros relatam sonhos recorrentes nos quais interagem com dragões de diferentes formas, seja como aliados, professores ou protetores.

Outro indicativo forte dessa conexão é a presença de habilidades naturais relacionadas à energia e à intuição. Indivíduos de linhagem dracônica tendem a ser altamente perceptivos, conseguindo captar sutilezas no ambiente e nas emoções das pessoas ao seu redor. Também costumam ter uma presença magnética, transmitindo autoridade e força mesmo sem precisar impor sua vontade. Muitos relatam uma conexão inata com os elementos, sentindo afinidade especial com o fogo, a terra, a água ou o ar, o que pode indicar uma ligação com diferentes tipos de dragões.

A influência dessa herança espiritual na missão de vida é significativa. Aqueles que possuem uma linhagem dracônica geralmente sentem um propósito maior que os impulsiona a buscar conhecimento, transformação e liderança. Muitos acabam seguindo caminhos espirituais, tornando-se professores, curadores, magistas ou guardiões do conhecimento sagrado. Outros manifestam essa energia em áreas mais práticas, atuando como protetores da natureza, defensores de causas justas ou líderes que inspiram mudanças profundas na sociedade.

Para descobrir e despertar essa conexão, é necessário um processo de autoconhecimento e exploração espiritual. A meditação é uma ferramenta fundamental, pois permite acessar memórias antigas e compreender a própria identidade espiritual. Visualizações guiadas podem ajudar a entrar em contato com a energia dos dragões, permitindo que sua presença se revele de forma gradual e respeitosa. O estudo de mitologias e sistemas simbólicos também pode oferecer pistas sobre essa conexão, ajudando o indivíduo a identificar padrões e referências que ressoam com sua essência.

Além disso, trabalhar com os elementos pode fortalecer essa ligação. Para aqueles que sentem afinidade com dragões de fogo, práticas envolvendo velas, rituais de transmutação e trabalho com a energia da vontade podem ser extremamente eficazes. Já aqueles que se conectam mais com dragões de água podem explorar a intuição por meio da meditação com fontes de água, banhos ritualísticos e práticas de purificação emocional. Os que ressoam com dragões de terra podem buscar essa energia em rituais ao ar livre, contato com cristais e trabalhos de ancoragem e estabilidade. E para os que sentem a presença dos dragões do ar, práticas como o uso de incensos, canto de mantras e meditações para expansão da consciência podem ser meios eficazes de sintonizar-se com essa vibração.

Relatos de pessoas que descobriram essa conexão mostram como essa revelação pode transformar completamente a vida de alguém. Muitos descrevem que, após compreenderem sua linhagem dracônica, passaram a ter maior clareza sobre seu propósito, sentindo-se mais alinhados com sua verdadeira essência. Alguns mencionam que, ao aceitarem essa conexão, começaram a receber mensagens mais claras durante sonhos ou intuições, como se os dragões estivessem guiando-os em sua jornada. Outros relatam que sentiram um aumento significativo de energia e vitalidade, como se um bloqueio antigo tivesse sido removido e sua verdadeira força pudesse finalmente se manifestar.

A relação entre as linhagens dracônicas e o despertar espiritual vai além de uma identificação simbólica. Para aqueles que realmente possuem essa conexão, a energia dos dragões se torna um guia, um impulso para evoluir, desafiar limites e expandir horizontes. Esses indivíduos muitas vezes percebem que sua jornada não é apenas pessoal, mas que fazem parte de um movimento maior, um despertar coletivo onde a energia dracônica retorna à consciência humana para auxiliar na transformação planetária.

O chamado dos dragões é sutil, mas poderoso. Para aqueles que sentem sua presença, a resposta está na busca interior, no desenvolvimento da própria força e no compromisso com a verdade e o equilíbrio. As linhagens dracônicas não são apenas um mistério do passado, mas um legado vivo, que continua a influenciar almas que trazem em si a essência desses seres magníficos. Despertar para essa herança é reconhecer que os dragões não são apenas histórias antigas, mas forças atemporais que continuam a atuar na evolução do espírito humano.

Capítulo 21
Guardiões das Linhas Temporais

A conexão entre os dragões e o tempo transcende o conceito linear de passado, presente e futuro, revelando uma realidade em que todas as dimensões temporais coexistem. Esses seres majestosos não apenas dominam os elementos, mas também exercem influência sobre as tramas do destino, garantindo que os eventos sigam padrões harmônicos dentro do fluxo cósmico. Nas tradições espirituais mais antigas, os dragões do tempo são descritos como guardiões de passagens interdimensionais, sentinelas que protegem o equilíbrio das linhas temporais contra interferências que possam desestabilizar a evolução da humanidade. Sua presença é percebida nos momentos críticos da história, quando transições de eras ocorrem e grandes mudanças se manifestam no plano material. Aqueles que possuem uma conexão com essa energia muitas vezes sentem que sua existência não está estritamente presa à cronologia humana, como se suas almas carregassem memórias de outras épocas, conhecimentos ancestrais e uma intuição inexplicável sobre eventos futuros. Essa ligação permite que algumas pessoas acessem informações além do presente, percebendo padrões cíclicos e sincronias que orientam suas escolhas e trajetórias.

A atuação dos dragões do tempo é sutil, mas poderosa. Eles não controlam o destino humano, mas asseguram que certas direções evolutivas permaneçam intactas, evitando que forças externas alterem o curso natural dos acontecimentos. Sua presença pode ser notada em experiências de déjà vu intensificados, em sonhos reveladores que oferecem vislumbres do futuro ou até em lapsos temporais onde a percepção da realidade se modifica momentaneamente. Algumas tradições espirituais sugerem que esses dragões habitam dimensões onde todas as possibilidades existem simultaneamente, permitindo que observem e, em alguns casos, intervenham nos rumos tomados por civilizações inteiras. Em relatos modernos de meditação profunda e projeção astral, há aqueles que descrevem encontros com esses seres, que aparecem como imensas entidades de luz e energia, orientando os viajantes espirituais sobre suas missões e auxiliando na compreensão de eventos passados e futuros. Essa interação pode ocorrer de forma direta, com mensagens e ensinamentos transmitidos de maneira clara, ou de forma simbólica, através de sinais, padrões e encontros sincronísticos que revelam verdades ocultas.

Para aqueles que desejam compreender melhor sua conexão com os dragões do tempo, o caminho passa pelo desenvolvimento da percepção expandida e do autoconhecimento. A meditação voltada para a intuição temporal pode abrir portas para memórias ocultas e despertar a consciência sobre os ciclos que regem a própria existência. Observar padrões de repetição na vida, reconhecer sincronicidades e estudar registros históricos sob uma nova perspectiva são práticas que ajudam a fortalecer essa ligação. Além disso, explorar os registros akáshicos – um repositório energético onde todas as experiências da existência estão armazenadas – pode fornecer insights valiosos sobre a influência dos dragões nas linhas do tempo. Algumas tradições acreditam que esses seres são os guardiões desse conhecimento, permitindo o acesso apenas àqueles que demonstram maturidade espiritual para lidar com a informação. Ao compreender essa conexão, indivíduos sintonizados com essa energia passam a enxergar o tempo não como uma linha rígida e imutável, mas como um oceano de possibilidades interligadas, onde cada escolha molda realidades futuras. Assim, os dragões do tempo não apenas observam o desenrolar dos eventos, mas também orientam aqueles que estão prontos para compreender e navegar pelos mistérios da existência com maior clareza e propósito.

Diferente de outras forças espirituais que operam dentro das limitações da realidade perceptível, os dragões do tempo são vistos como seres que possuem conhecimento absoluto das tramas temporais e dos efeitos das escolhas individuais e coletivas. Em algumas tradições, acredita-se que eles habitam reinos fora do tempo, onde todas as possibilidades coexistem, observando e, em alguns casos, interferindo sutilmente no destino da humanidade. Esses dragões seriam responsáveis por preservar certos eventos ou evitar desequilíbrios que pudessem comprometer a integridade das linhas do tempo.

A presença dos dragões na mitologia frequentemente está associada a eventos cíclicos e mudanças de eras. Algumas lendas falam de dragões que despertam em momentos críticos da história para restaurar a ordem ou facilitar transições para novas fases evolutivas. Esse simbolismo pode ser encontrado em textos antigos que descrevem a ascensão e queda de civilizações, conectando o despertar dracônico a períodos de grande transformação. No Oriente, por exemplo, os dragões eram considerados ligados aos ciclos celestes, influenciando mudanças políticas e espirituais de acordo com padrões astrológicos e cósmicos.

A ideia de que os dragões são guardiões de portais temporais também aparece em relatos modernos de experiências espirituais e viagens astrais. Algumas pessoas afirmam ter encontrado esses seres em estados de meditação profunda ou projeção da consciência, descrevendo dragões que parecem existir além do conceito humano de tempo. Nesses encontros, os dragões são frequentemente retratados como seres imensos, envoltos em energia luminosa, que guiam o viajante através de visões do passado e do futuro, ajudando-o a compreender padrões kármicos e lições que precisam ser integradas.

Alguns relatos indicam que os dragões do tempo atuam como protetores do equilíbrio universal, assegurando que certos eventos se desenrolem de maneira apropriada. Há experiências documentadas de indivíduos que perceberam distorções temporais inexplicáveis logo após sentirem uma presença dracônica. Essas distorções incluem lapsos de tempo, sensações de déjà vu intensificadas e a percepção de realidades paralelas coexistindo momentaneamente. Para aqueles que estudam o tema, essas ocorrências podem ser interpretadas como indícios de que os dragões do tempo estão ajustando as tramas temporais para evitar colapsos ou interferências externas que possam comprometer a evolução natural de uma linha do tempo específica.

A relação entre os dragões e a temporalidade também pode ser observada na forma como certos indivíduos possuem uma intuição aguçada para eventos futuros ou uma conexão inexplicável com o passado. Algumas tradições espirituais sugerem que aqueles que têm um vínculo com os dragões do tempo podem acessar memórias de outras eras ou perceber padrões que guiam suas próprias jornadas. Esses indivíduos frequentemente relatam uma sensação de estar fora de sincronia com a realidade comum, como se carregassem fragmentos de conhecimento que não pertencem inteiramente ao presente.

Conectar-se com os dragões do tempo exige uma percepção expandida da realidade e um profundo respeito pela natureza do tempo como um fluxo interligado de experiências. Algumas práticas podem auxiliar nessa conexão, como a meditação focada na intuição temporal, onde o praticante se concentra na percepção dos padrões cíclicos de sua própria vida e das energias ao seu redor. A observação de sincronicidades também pode ser um método eficaz, pois os dragões do tempo muitas vezes comunicam sua presença por meio de eventos que parecem organizados de maneira intencional, guiando a pessoa para um caminho específico.

Outra forma de interação com essa energia é através da exploração de registros akáshicos, que são descritos como arquivos universais onde todas as experiências passadas, presentes e futuras estão armazenadas. Alguns estudiosos acreditam que os dragões do tempo atuam como guardiões desses registros, permitindo o acesso apenas àqueles que demonstram maturidade espiritual suficiente para compreender e lidar com o conhecimento encontrado ali. Durante práticas de leitura do akasha, há relatos de visões de dragões que aparecem como sentinelas, protegendo certos fragmentos de informação e revelando apenas o que é essencial para o buscador naquele momento.

Os dragões do tempo também parecem influenciar a forma como percebemos o destino e as escolhas que moldam nossa realidade. Em algumas experiências, indivíduos relataram sentir uma forte presença dracônica em momentos decisivos, como se uma força invisível estivesse guiando suas ações para um desfecho mais alinhado com sua missão de vida. Essas influências sutis podem se manifestar como intuições inesperadas, encontros sincronizados com pessoas que desempenham papéis fundamentais em sua jornada ou a sensação de estar sendo levado por uma corrente invisível para um caminho previamente traçado.

A ideia de que os dragões são responsáveis por proteger as linhas temporais não significa que controlam o destino humano de forma absoluta, mas sim que garantem que certas direções evolutivas não sejam comprometidas por interferências externas. Algumas tradições falam de tentativas de manipulação do tempo por forças que buscam alterar eventos para seu próprio benefício, e que os dragões atuam como guardiões contra essas distorções, assegurando que a ordem natural seja mantida.

Para aqueles que sentem uma conexão com os dragões do tempo, compreender essa ligação pode ser um processo de profunda transformação. A percepção do tempo como algo fluido, e não linear, permite um entendimento mais amplo da própria jornada e da interconexão entre passado, presente e futuro. Trabalhar com essa energia significa aprender a reconhecer os padrões que se repetem na vida, compreender os ciclos de aprendizado e desenvolver uma consciência ampliada sobre o impacto de cada escolha no fluxo da existência.

Os dragões do tempo representam um mistério que desafia a compreensão convencional, mas sua presença pode ser sentida por aqueles que estão abertos a perceber os sinais que deixam pelo caminho. Eles são mestres do destino, guias que ajudam na travessia das múltiplas camadas da realidade, permitindo que aqueles que se sintonizam com sua energia vejam além do véu da ilusão e compreendam que o tempo não é um limite, mas um oceano de possibilidades infinitas.

Capítulo 22
Dragões Interdimensionais e o Multiverso

Os dragões interdimensionais representam uma das facetas mais enigmáticas e fascinantes dessas entidades ancestrais, expandindo sua presença além do espaço e do tempo conhecidos. Longe de serem apenas figuras mitológicas ou guardiões de saberes ocultos, esses seres operam como viajantes cósmicos, atravessando diferentes planos de existência e interagindo com múltiplas realidades simultaneamente. Sua conexão com o multiverso sugere que possuem um conhecimento avançado sobre as leis que regem a estrutura da realidade, transitando entre dimensões e facilitando o intercâmbio energético entre os mundos. Para aqueles que possuem sensibilidade espiritual, os dragões interdimensionais se revelam como guias poderosos, auxiliando no despertar da consciência e na compreensão da vastidão do cosmos. Esse contato não ocorre de maneira arbitrária, mas sim quando o indivíduo atinge um estado vibracional elevado e está preparado para receber informações que desafiam a percepção convencional da realidade. Seu papel transcende a simples proteção de portais ou supervisão de planos espirituais; eles atuam como mestres que conduzem os buscadores ao reconhecimento de sua verdadeira natureza multidimensional.

A interação com esses seres ocorre frequentemente durante estados expandidos de consciência, como sonhos lúcidos, projeções astrais e meditações profundas. Relatos de encontros com dragões interdimensionais descrevem ambientes que desafiam as leis da física tradicional, como vastas cidades de cristal suspensas no vazio, oceanos de energia fluida e templos colossais onde símbolos ancestrais brilham com uma luz própria. Nesses espaços, a percepção linear do tempo deixa de existir, permitindo que o viajante experiencie simultaneamente eventos passados, presentes e futuros. Algumas tradições espirituais sugerem que esses dragões guardam segredos sobre a estrutura do multiverso, protegendo conhecimentos que só podem ser acessados por aqueles que demonstram maturidade e responsabilidade espiritual. Essa conexão pode resultar em ativações energéticas poderosas, despertando no indivíduo habilidades latentes como clarividência, expansão da intuição e compreensão instintiva de padrões cósmicos que regem a existência. Essas manifestações indicam que os dragões interdimensionais não apenas observam as realidades paralelas, mas também influenciam a evolução espiritual daqueles que estão prontos para transcender os limites do mundo físico.

Para estabelecer um contato consciente com os dragões interdimensionais, é essencial expandir a percepção para além dos limites do pensamento convencional. Técnicas como a visualização de portais, a utilização de frequências vibracionais específicas e a exploração dos registros akáshicos são caminhos que permitem ajustar a consciência para captar sua presença. Além disso, algumas culturas acreditam que certos locais de poder, como montanhas sagradas e formações megalíticas, funcionam como pontos de interseção entre dimensões, facilitando o acesso a esses seres. Relatos de experiências em locais de alta energia descrevem fenômenos como aparições luminosas em forma de dragões, variações abruptas na temperatura e intensas descargas elétricas no ambiente, indicando que esses seres interagem ativamente com aqueles que demonstram respeito e verdadeira intenção de aprendizado. No entanto, sua comunicação nem sempre ocorre de maneira verbal ou linear; muitas vezes, transmitem ensinamentos por meio de símbolos, padrões recorrentes e insights que se desdobram gradualmente na consciência do buscador. Dessa forma, a conexão com os dragões interdimensionais não é apenas uma jornada de descoberta do universo, mas também um profundo processo de autoconhecimento e transformação, no qual o indivíduo aprende a navegar entre as camadas ocultas da existência e compreender sua própria essência multidimensional.

A teoria do multiverso propõe que nossa realidade não é única, mas sim uma entre infinitas versões de existência, onde diferentes possibilidades e variações da matéria, do tempo e da consciência coexistem simultaneamente. Nesse contexto, os dragões seriam viajantes cósmicos capazes de se manifestar em diversas realidades, interagindo com aqueles que possuem a sensibilidade necessária para perceber sua presença. Algumas tradições afirmam que os dragões operam como guardiões desses portais interdimensionais, assegurando que certos conhecimentos e energias não sejam acessados sem a devida preparação.

Relatos de contatos espirituais com dragões sugerem que sua presença é frequentemente percebida em estados alterados de consciência, como sonhos lúcidos, meditações profundas e experiências de projeção astral. Algumas pessoas afirmam ter encontrado dragões em paisagens que não correspondem ao mundo físico, descrevendo vastas cidades de cristal, oceanos suspensos no ar e templos luminosos que parecem existir além da compreensão humana. Essas descrições reforçam a ideia de que os dragões não estão confinados à nossa dimensão, mas que atuam em reinos além do tempo e do espaço, onde as leis da física e da lógica são diferentes das que conhecemos.

A influência desses seres na expansão da consciência humana pode ser observada na maneira como interagem com aqueles que os buscam. Algumas tradições espirituais ensinam que os dragões interdimensionais são responsáveis por despertar memórias ancestrais e ativar capacidades latentes no espírito humano. Isso significa que seu contato não ocorre apenas como uma experiência visual ou simbólica, mas também como uma ativação energética que permite ao indivíduo acessar informações e habilidades que estavam adormecidas. Essa ativação pode se manifestar como um aumento da intuição, uma maior facilidade para perceber padrões sutis na realidade ou mesmo a capacidade de acessar estados de consciência elevados com mais clareza.

A conexão com os dragões interdimensionais requer um estado mental e vibracional adequado. Aqueles que tentam estabelecer esse contato precisam primeiro expandir sua percepção para além dos limites da realidade convencional. Técnicas como a meditação guiada, a utilização de frequências sonoras específicas e a prática da projeção astral são formas eficazes de alinhar a mente e o espírito com esses seres. Algumas tradições ensinam que a visualização de portais ou de símbolos ancestrais pode servir como um mecanismo de sintonização, permitindo que o indivíduo ajuste sua frequência para perceber os dragões em sua forma interdimensional.

Além das experiências individuais, há relatos de grupos que realizaram rituais e cerimônias em locais de alta carga energética, como montanhas sagradas, florestas intocadas ou círculos de pedra antigos, e que sentiram a presença dracônica de maneira intensa. Em alguns casos, membros desses grupos descreveram ter visto figuras de luz em forma de dragões surgindo em meio ao céu ou sentiram ondas de calor e eletricidade percorrendo o ambiente. Essas manifestações foram interpretadas como sinais de que os dragões interdimensionais estavam se comunicando, respondendo ao chamado daqueles que buscam compreendê-los.

A interpretação das mensagens deixadas por esses dragões pode ser um desafio, pois suas formas de comunicação nem sempre seguem padrões humanos.

Em muitos relatos, as interações ocorrem através de imagens simbólicas, emoções intensificadas ou uma compreensão instantânea de conceitos que antes pareciam abstratos. Algumas pessoas afirmam que, após uma experiência com dragões interdimensionais, passaram a ver a realidade de maneira diferente, como se tivessem recebido um novo olhar sobre sua própria existência e sobre a estrutura do universo.

A existência de dragões interdimensionais sugere que há muito mais para ser compreendido sobre a natureza da realidade do que a visão convencional permite. Se esses seres realmente transitam entre diferentes planos, isso indicaria que o universo opera com regras mais complexas do que imaginamos. Para aqueles que sentem o chamado para explorar essa conexão, a chave está na expansão da consciência e na disposição para questionar os limites da percepção humana.

Os dragões do multiverso não são apenas guardiões de portais ou entidades de planos superiores, mas também professores que desafiam aqueles que os buscam a superar suas próprias limitações. Seu papel não é fornecer respostas prontas, mas instigar a busca pelo conhecimento e pelo despertar. Para aqueles que se conectam com essa energia, a jornada não se resume apenas a compreender os dragões, mas a compreender a si mesmos e a vastidão da existência que os cerca.

Capítulo 23
Dragões na Nova Era

A humanidade vive um momento de profunda transição, onde antigas estruturas se dissolvem e uma nova consciência começa a emergir. Esse despertar não ocorre apenas no nível social e tecnológico, mas principalmente no campo espiritual, onde forças ancestrais retornam para guiar esse processo de transformação. Entre essas forças, a energia dracônica ressurge com intensidade, não como criaturas lendárias que dominam os céus, mas como uma presença sutil e poderosa que influencia a expansão da percepção humana. Os dragões sempre foram símbolos de sabedoria, força e renovação, e sua influência na Nova Era está ligada ao despertar de um conhecimento que esteve adormecido por séculos. Esse retorno representa mais do que um resgate cultural ou mitológico; trata-se da reativação de códigos antigos que auxiliam a humanidade a superar as limitações da visão materialista e reconectar-se com os princípios cósmicos que regem a existência. Muitos que sentem essa conexão descrevem um chamado interno, uma urgência em buscar compreensão e crescimento, como se estivessem despertando para uma missão maior, alinhada com a evolução coletiva do planeta.

O papel dos dragões nesse novo ciclo está diretamente relacionado à aceleração do processo de ascensão espiritual. Como guardiões de conhecimentos ocultos, eles oferecem orientação para aqueles que estão prontos para acessar uma realidade mais ampla, onde a consciência não está mais restrita ao que os sentidos físicos podem perceber. Esse contato pode ocorrer por meio de sonhos vívidos, experiências meditativas profundas e intuições que surgem como insights transformadores. Algumas tradições espirituais sugerem que os dragões são guardiões de portais interdimensionais, permitindo que indivíduos com determinadas frequências vibracionais recebam informações que antes estavam inacessíveis. A energia dracônica, portanto, atua como um catalisador para a expansão da percepção, ajudando a humanidade a transcender velhos paradigmas baseados no medo, na separação e na limitação. No entanto, essa conexão não acontece passivamente; ela exige comprometimento, disciplina e uma disposição genuína para integrar esse conhecimento na vida cotidiana. Os dragões não impõem seu ensinamento, mas o oferecem àqueles que demonstram maturidade e responsabilidade para lidar com ele.

À medida que a humanidade avança nesse processo de transição, o retorno da energia dracônica se torna cada vez mais evidente. O crescente interesse por espiritualidade, a busca por equilíbrio entre ciência e consciência e a necessidade de resgatar o respeito pela natureza são sinais de que essa influência está se intensificando. Trabalhar em harmonia com essa energia significa aceitar a transformação como parte essencial da jornada e desenvolver coragem para romper padrões que não servem mais ao crescimento pessoal e coletivo. Os dragões da Nova Era não aparecem para proteger ou guiar passivamente, mas para desafiar e fortalecer aqueles que estão prontos para assumir seu verdadeiro papel na evolução do planeta. Sua presença não é um mero resquício de mitologias antigas, mas uma força ativa que impulsiona o despertar humano, incentivando cada indivíduo a reconhecer seu próprio poder e sua conexão inquebrantável com o universo. Aquele que responde ao chamado dos dragões compreende que a jornada não é sobre buscar respostas externas, mas sim sobre acessar a sabedoria interior e assumir a responsabilidade por sua própria evolução.

A conexão dos dragões com esse processo de transição é percebida por aqueles que sentem mudanças internas profundas, como um chamado para uma missão maior, uma necessidade de realinhar sua vida com um propósito mais elevado ou uma crescente percepção da interconexão entre todas as coisas. Os dragões sempre foram símbolos de transformação, e sua energia se faz presente em momentos de grande mudança, auxiliando na destruição do que não serve mais e na construção de algo novo. Sua influência se manifesta tanto no nível individual quanto no coletivo, guiando aqueles que estão prontos para acessar essa nova consciência e contribuindo para o despertar global.

O retorno da energia dracônica não é algo aleatório. Muitos estudiosos da espiritualidade acreditam que os dragões são guardiões de códigos antigos, informações que foram ocultadas até que a humanidade estivesse preparada para compreendê-las novamente. Esse conhecimento, que pode estar armazenado em locais sagrados, na estrutura energética da Terra ou até mesmo no próprio DNA espiritual de certas linhagens, começa a se revelar gradualmente à medida que mais pessoas despertam para essa realidade. A ressonância com essa energia pode ser percebida em sonhos, intuições, manifestações sincrônicas e experiências meditativas intensas, onde indivíduos relatam sentir a presença dracônica de maneira inconfundível.

O papel dos dragões na Nova Era parece ser o de guias e protetores desse processo de ascensão da consciência. Em diversas culturas, os dragões foram retratados como mestres da sabedoria oculta, aqueles que guardam os segredos mais profundos da existência e que somente revelam esse conhecimento àqueles que demonstram maturidade espiritual suficiente para recebê-lo. Esse arquétipo ressurge agora com força, mostrando que a humanidade está em um momento decisivo, onde pode escolher entre permanecer presa a antigos padrões de medo e separação ou abrir-se para um novo nível de compreensão e evolução.

Trabalhar em sintonia com essa energia significa estar disposto a romper barreiras internas e externas, abandonar crenças limitantes e abrir-se para a expansão da percepção. Os dragões não oferecem respostas fáceis nem caminhos suaves; eles desafiam aqueles que os buscam a assumir responsabilidade por sua própria jornada, a desenvolver força interior e a agir com coragem diante das mudanças que se fazem necessárias. Isso significa que, para acessar essa conexão de maneira consciente, é preciso estar disposto a crescer, enfrentar desafios e integrar a sabedoria dracônica na vida cotidiana.

A humanidade pode aprender muito com os dragões se souber escutar seus ensinamentos. Em um mundo onde o equilíbrio entre tecnologia e espiritualidade se tornou um dos maiores desafios, a energia dracônica pode atuar como uma ponte entre esses dois aspectos, ensinando a importância do discernimento, da responsabilidade e do respeito pelo fluxo natural da existência. O verdadeiro poder não está na imposição da força, mas no domínio sobre si mesmo, e essa é uma das lições fundamentais que os dragões ensinam àqueles que estão prontos para compreender sua essência.

Os sinais do retorno dos dragões já podem ser observados em diferentes áreas. O crescente interesse por práticas espirituais que envolvem conexão com forças ancestrais, o despertar de habilidades intuitivas em muitas pessoas e a sensação coletiva de que algo está mudando são indícios de que estamos nos aproximando de um novo ciclo. Há relatos de indivíduos que afirmam sentir a presença dracônica em momentos inesperados, como uma energia que os protege e guia, e há aqueles que percebem padrões repetitivos, símbolos e mensagens que parecem indicar um chamado maior.

O futuro da humanidade parece estar interligado com essa reconexão. À medida que mais pessoas despertam para a realidade além do visível, o contato com os dragões se torna mais acessível, não como uma experiência fantasiosa, mas como um reencontro com uma força antiga que sempre esteve presente, aguardando o momento certo para se manifestar novamente. Esse retorno não significa que os dragões tomarão um papel ativo na vida física, mas sim que sua presença energética será cada vez mais percebida, influenciando aqueles que estão sintonizados com sua frequência.

A Nova Era não se trata apenas de mudanças externas, mas principalmente de uma transformação interna profunda, onde a consciência humana se expande para compreender a realidade de maneira mais ampla e integrada. Os dragões, como arquétipos da sabedoria primordial e da força cósmica, desempenham um papel essencial nesse processo, ajudando a remover os véus da ilusão e permitindo que a humanidade perceba sua verdadeira natureza. Aqueles que escutam o chamado dos dragões já começaram a sentir essa mudança e sabem que o caminho à frente exige comprometimento, coragem e autenticidade.

O retorno da energia dracônica não é apenas um evento simbólico, mas um marco na evolução da consciência planetária. Para aqueles que desejam se alinhar com essa energia, o primeiro passo é abrir-se para a transformação, aceitar o desafio do autoconhecimento e buscar viver em harmonia com os princípios que os dragões representam: verdade, força, equilíbrio e respeito pela vida em todas as suas formas. O futuro pode ser incerto, mas para aqueles que caminham ao lado dos dragões, a jornada será sempre uma aventura rumo ao despertar da verdadeira essência do ser.

Capítulo 24
Meditações com Dragões

A meditação com dragões é uma prática profunda que permite acessar a energia dessas entidades ancestrais e interagir com sua sabedoria de maneira direta. Esses seres não se manifestam de forma casual ou arbitrária; sua presença é sentida por aqueles que estão preparados para receber seus ensinamentos e integrar sua força em um processo de evolução espiritual. Estabelecer essa conexão exige mais do que simplesmente sentar-se e buscar um contato superficial – é necessário alinhar mente, corpo e espírito, elevando a vibração pessoal a um estado de receptividade genuína. Os dragões representam arquétipos de transformação e poder interior, e sua presença na meditação pode trazer revelações impactantes, desbloquear potenciais adormecidos e provocar mudanças profundas na percepção da realidade. Para aqueles que sentem o chamado desses seres, a meditação não apenas fortalece o vínculo com sua energia, mas também abre caminhos para um entendimento mais amplo da própria jornada espiritual.

O primeiro passo para essa conexão é criar um ambiente propício, onde o praticante possa se sentir seguro e em paz, longe de distrações. A postura deve ser confortável, permitindo que a respiração flua livremente e que o corpo permaneça relaxado. A respiração consciente é fundamental nesse processo, pois ajuda a sintonizar a mente com frequências mais elevadas, abrindo o campo energético para a presença dracônica. Muitos praticantes relatam que a conexão com os dragões ocorre de maneira mais intensa quando há uma intenção clara, expressa com respeito e sinceridade. Visualizar um portal de luz, um templo antigo ou uma paisagem mística pode facilitar esse encontro, pois esses elementos simbolizam passagens para dimensões onde os dragões habitam. Algumas pessoas percebem sua presença como uma energia calorosa e vibrante, enquanto outras veem imagens vívidas desses seres imponentes. Independentemente da forma como se manifestam, os dragões se comunicam de maneiras sutis, utilizando símbolos, emoções e insights que se revelam de forma progressiva.

À medida que o praticante aprofunda sua conexão, pode começar a receber mensagens, orientações ou sensações que indicam a presença dracônica em sua vida cotidiana. Algumas experiências envolvem sonhos simbólicos, onde os dragões aparecem como guias ou protetores, transmitindo ensinamentos por meio de metáforas e desafios. Outros relatam mudanças perceptíveis em sua energia pessoal, tornando-se mais confiantes, determinados e intuitivos após estabelecer esse vínculo. A prática contínua da meditação com dragões fortalece essa relação, permitindo que a sabedoria desses seres seja gradualmente assimilada e aplicada na vida diária. O contato com essa energia exige comprometimento e um desejo sincero de crescimento espiritual, pois os dragões não oferecem respostas fáceis – eles desafiam, transformam e capacitam aqueles que estão prontos para trilhar um caminho de autodescoberta e evolução. Assim, essa prática não é apenas um meio de estabelecer um contato espiritual, mas uma jornada para acessar forças internas adormecidas e integrar o poder e a sabedoria dracônica na própria essência.

A importância da meditação nesse processo está no alinhamento energético que ela proporciona. Os dragões são seres que vibram em uma frequência elevada e, para percebê-los de forma consciente, é necessário que o praticante eleve sua própria vibração. Isso significa que a mente precisa estar livre de agitação, e o corpo, relaxado, para que a conexão ocorra de maneira fluida. A energia dracônica não pode ser invocada de forma forçada ou ansiosa; é preciso paciência e respeito, pois esses seres não respondem a chamadas que não estejam alinhadas com a intenção genuína de aprendizado e evolução.

Existem diferentes métodos para meditar e sentir a presença dracônica. Um dos mais comuns é a meditação guiada, onde o praticante visualiza um ambiente específico e se abre para a experiência. Esse método é particularmente útil para aqueles que ainda não desenvolveram uma sensibilidade energética aguçada, pois a visualização ajuda a criar um espaço mental propício para que os dragões possam se manifestar. Outra técnica envolve o uso de mantras ou sons específicos que ressoam com a energia dos dragões, permitindo que o praticante sintonize sua frequência com a deles. A respiração também desempenha um papel fundamental, pois controlar o fluxo do ar dentro do corpo ajuda a acalmar a mente e a estabilizar a energia pessoal.

    A visualização é um dos aspectos mais importantes na meditação com dragões. Para iniciar essa prática, é recomendado que o praticante encontre um local tranquilo, onde não será interrompido. Sentado ou deitado, ele deve fechar os olhos e começar a imaginar uma paisagem vasta e poderosa, como uma montanha antiga, uma floresta densa ou um oceano sem fim. Esse cenário deve ser construído de forma vívida, permitindo que todos os detalhes sejam sentidos, desde a temperatura do ambiente até os sons ao redor. Após estabelecer esse cenário, o praticante deve focar sua intenção em encontrar seu dragão. Pode-se imaginar uma luz brilhante surgindo no horizonte, uma sombra cruzando o céu ou até mesmo uma energia que se manifesta em forma de calor e vibração ao redor do corpo.

    O momento do encontro é único para cada pessoa. Alguns relatam ver um dragão imenso se aproximando, enquanto outros apenas sentem sua presença sem uma imagem definida. Algumas pessoas escutam palavras ou sentem emoções profundas que parecem não vir delas mesmas, como se o dragão estivesse transmitindo um ensinamento diretamente à sua consciência. Há aqueles que percebem símbolos, padrões ou cores que, mais tarde, descobrem ter significados específicos relacionados à sua jornada espiritual.

Independentemente da forma como o dragão se manifesta, o mais importante é confiar na experiência e não tentar controlá-la racionalmente.

Durante a meditação, é comum que o praticante experimente sensações físicas intensas. Algumas pessoas relatam um calor súbito, como se uma chama interna fosse acesa dentro delas, enquanto outras sentem arrepios ou uma leve pressão no centro da testa, indicando a ativação do terceiro olho. Há também relatos de uma sensação de expansão, como se a consciência estivesse se movendo para além dos limites do corpo físico. Essas experiências podem variar, mas todas indicam que a conexão está sendo estabelecida e que a energia dracônica está atuando sobre o campo vibracional do praticante.

Interpretar essas experiências pode ser um desafio, especialmente para aqueles que estão começando. O mais importante é observar como a energia se manifesta no dia a dia após a meditação. Muitas vezes, os dragões enviam mensagens por meio de sonhos, sincronicidades ou insights repentinos que ajudam o praticante a compreender aspectos ocultos de sua própria jornada. Algumas pessoas percebem mudanças em sua personalidade, sentindo-se mais seguras, determinadas e alinhadas com seu propósito. Outras começam a notar sinais externos, como imagens de dragões surgindo repetidamente em diferentes contextos, indicando que a conexão foi estabelecida e que os dragões estão se comunicando de maneira simbólica.

Para aprofundar essa prática ao longo do tempo, é essencial manter uma rotina de meditação consistente. Quanto mais o praticante se dedica a esse processo, mais fácil se torna acessar a energia dracônica e interpretar seus ensinamentos. Além disso, pode ser útil registrar as experiências em um diário, anotando detalhes das visões, emoções e mensagens recebidas. Com o tempo, padrões podem emergir, revelando uma linha de aprendizado que os dragões estão guiando de forma progressiva.

    A conexão com os dragões por meio da meditação não é algo que se desenvolve de forma instantânea, mas sim um processo gradual que exige dedicação e respeito. Esses seres não se manifestam para aqueles que os buscam por curiosidade superficial ou desejo de poder, mas sim para aqueles que estão genuinamente comprometidos com sua própria evolução espiritual. O praticante deve estar disposto a aceitar os desafios e transformações que essa conexão pode trazer, pois os dragões não apenas ensinam, mas também testam aqueles que se aproximam de sua energia.

    Para aqueles que sentem o chamado dos dragões, a meditação é o caminho mais seguro e eficaz para estabelecer um vínculo real com esses seres. A prática não apenas permite que sua presença seja percebida, mas também cria uma relação de confiança mútua, onde o praticante aprende a reconhecer os sinais e a integrar a sabedoria dracônica em sua vida cotidiana. Aqueles que persistem nessa jornada descobrem que os dragões não são apenas símbolos de força e proteção, mas verdadeiros mestres espirituais que podem guiar a alma para níveis mais elevados de consciência e compreensão.

Capítulo 25
Invocações e Círculos de Energia

A conexão com os dragões por meio de invocações e círculos de energia representa um caminho de aprofundamento espiritual, no qual o praticante se abre para a presença e a sabedoria dessas forças ancestrais. Diferente de um chamado casual, a invocação é um convite respeitoso, uma solicitação de orientação e aprendizado, baseada na humildade e na intenção genuína de crescimento. Os dragões não são entidades que respondem a meras curiosidades ou desejos superficiais; eles se manifestam para aqueles que demonstram comprometimento e maturidade espiritual. Assim, a preparação para esse contato é essencial, exigindo um alinhamento energético que permita que sua presença seja percebida de forma clara e segura. Esse processo envolve purificação do ambiente, elevação da vibração pessoal e a criação de um espaço sagrado onde a energia possa fluir sem bloqueios. Aqueles que desejam trilhar esse caminho devem compreender que os dragões atuam como guardiões e mestres, testando a disposição do praticante para enfrentar desafios internos e evoluir espiritualmente.

A criação de um círculo de energia é um dos métodos mais eficazes para estabelecer um contato profundo e protegido com os dragões. Esse círculo pode ser traçado fisicamente, utilizando cristais, velas ou símbolos sagrados, ou energeticamente, por meio da visualização e intenção. A estrutura desse espaço sagrado serve como um portal que facilita a comunicação com os dragões, ao mesmo tempo em que protege o praticante de influências externas que possam interferir na experiência. Durante a invocação, palavras de poder podem ser utilizadas para sintonizar a frequência energética com a presença dracônica. Algumas tradições ensinam que cada dragão possui um nome vibracional único, descoberto por meio da prática meditativa ou de revelações intuitivas. Expressar esse chamado de forma autêntica e respeitosa fortalece a conexão, permitindo que a energia flua livremente e que os sinais da presença dos dragões se tornem perceptíveis. A experiência pode se manifestar de diversas formas – uma sensação de calor intenso, um vento sutil no ambiente ou até mesmo imagens vívidas na mente –, indicando que o contato foi estabelecido com sucesso.

    Após a invocação, a gratidão desempenha um papel fundamental na manutenção dessa relação espiritual. Agradecer pela presença dos dragões, independentemente da intensidade da experiência, demonstra respeito e fortalece o vínculo com essas forças. O encerramento do círculo deve ser realizado com consciência, dissipando a energia gerada de maneira equilibrada e intencional. Para aqueles que desejam aprofundar essa prática, manter um diário de experiências pode ser útil para registrar percepções, mensagens recebidas e padrões recorrentes que surgem ao longo do tempo. À medida que a conexão se torna mais forte, o praticante passa a integrar a sabedoria dos dragões em sua vida, tornando-se mais intuitivo, resiliente e alinhado com sua verdadeira essência. A jornada com os dragões não é apenas um exercício de invocação, mas um caminho de autodescoberta e transformação, onde aqueles que se mostram dignos recebem não apenas proteção e conhecimento, mas também o desafio de crescer e expandir sua consciência para além dos limites da realidade convencional.

A preparação para uma invocação é um dos aspectos mais importantes do processo. O espaço onde o ritual será realizado precisa estar energeticamente limpo, pois os dragões respondem a ambientes onde a energia flui sem bloqueios ou interferências. A limpeza pode ser feita com incensos, ervas ou cristais que ajudem a remover qualquer vibração desarmoniosa. A escolha do local também é fundamental, sendo preferível um ambiente onde o praticante possa se concentrar sem interrupções. Alguns preferem realizar essa prática ao ar livre, especialmente em locais naturais que possuam forte presença dos elementos, como montanhas, florestas ou à beira de rios e oceanos.

Criar um círculo de energia dracônica fortalece a conexão e protege o espaço ritualístico. O círculo pode ser traçado fisicamente, utilizando pedras, velas ou símbolos específicos, ou energeticamente, por meio da visualização. Ao desenhar o círculo, o praticante pode imaginar um anel de fogo, água, vento ou luz dourada ao seu redor, simbolizando a presença dos dragões e a ativação do campo energético. Dentro desse espaço, a mente e o coração devem estar em sintonia com a intenção do ritual, pois os dragões não respondem a pedidos vazios ou motivados por interesses egoístas.

Palavras de poder podem ser usadas para facilitar a conexão. Algumas tradições ensinam que cada dragão possui um nome vibracional, um som que ressoa com sua essência e pode ser utilizado para chamá-lo respeitosamente. Esses nomes não são revelados levianamente e, muitas vezes, são descobertos por meio de experiências meditativas ou sonhos. Além disso, frases de invocação podem ser criadas intuitivamente, expressando a intenção de conexão e aprendizado. Um exemplo de invocação pode ser algo como: "Grandes guardiões ancestrais, dragões do tempo e dos elementos, eu os chamo com respeito e humildade. Se for de minha merecida jornada, que vossa sabedoria se revele e vossa energia me guie."

O uso de símbolos também fortalece a invocação. Algumas tradições utilizam sigilos específicos, criados para representar a presença dracônica e servir como portais para sua energia. Esses símbolos podem ser desenhados no chão, em pergaminhos ou até mesmo visualizados na mente. Cristais como obsidiana, quartzo fumê e citrino são conhecidos por sua afinidade com os dragões e podem ser posicionados dentro do círculo para ancorar a energia. Outros elementos, como velas coloridas representando os diferentes aspectos dos dragões – fogo, água, terra e ar –, podem ser utilizados para reforçar a presença dos elementos no ritual.

Trabalhar com a energia dracônica requer precaução e ética. Esses seres possuem uma vibração intensa e não toleram manipulações ou tentativas de invocação irresponsáveis. Um erro comum entre iniciantes é tentar forçar um contato sem a devida preparação ou respeito, o que pode resultar em uma experiência desconfortável ou em uma desconexão total. Os dragões não são entidades passivas; eles testam aqueles que os chamam e podem recuar se perceberem que o praticante não está preparado para lidar com sua energia. Por isso, é essencial que a intenção da invocação seja clara, respeitosa e alinhada com o propósito de aprendizado e crescimento espiritual.

Durante o ritual, é comum que certas sensações se manifestem. Algumas pessoas relatam um aumento súbito na temperatura corporal, indicando a presença de um dragão de fogo, enquanto outras sentem uma leve brisa ao redor do círculo, sinalizando a influência de um dragão do ar. Há também aqueles que percebem um peso sobre os ombros ou uma onda de calma profunda, sugerindo que a conexão foi estabelecida. Sons sutis, como estalos no ambiente ou um eco distante, podem ser interpretados como sinais de que os dragões estão atentos à invocação.

Após a invocação, é essencial demonstrar gratidão pela presença dos dragões, independentemente de ter havido uma manifestação clara ou não. O encerramento do ritual deve ser feito de forma respeitosa, desfazendo o círculo com intenção e agradecendo pela oportunidade de conexão. O praticante pode deixar uma oferenda simbólica, como um cristal, uma vela ou até mesmo um pensamento sincero de reconhecimento pela experiência vivida.

A prática da invocação e dos círculos de energia dracônica não deve ser vista como um evento isolado, mas como um caminho de aprendizado contínuo. Quanto mais um praticante se dedica a essa jornada, mais afinado se torna com a energia dos dragões e mais clara se torna sua comunicação com eles. Aqueles que persistem nesse caminho não apenas desenvolvem uma conexão profunda com esses seres, mas também transformam sua própria essência, tornando-se mais fortes, sábios e alinhados com as forças primordiais do universo.

Capítulo 26
Como Honrar os Dragões

Os dragões são forças ancestrais que transcendem a mitologia e o simbolismo, manifestando-se como guardiões de conhecimento e poder primordial. Sua essência ressoa em diversas culturas ao longo da história, sendo reverenciados não apenas como criaturas lendárias, mas como entidades espirituais que representam elementos fundamentais da existência. Diferente de seres espirituais acessíveis por meio da devoção passiva, os dragões exigem uma abordagem consciente e respeitosa, na qual a conexão é construída sobre pilares de honra, compromisso e entendimento profundo de sua natureza. Cada encontro com essas forças demanda autenticidade, pois sua presença não se revela a quem busca apenas benefício próprio, mas sim àqueles que demonstram dedicação e intenção genuína em compreender sua energia.

O ato de honrar os dragões vai além da simples prática ritualística; trata-se de um alinhamento interior com os valores que esses seres representam. Coragem, sabedoria, lealdade e transformação são aspectos essenciais dessa relação, e qualquer tentativa de se conectar com os dragões sem incorporar essas qualidades resultará em uma interação superficial ou até mesmo inexistente. Eles não se impressionam com gestos vazios ou promessas feitas sem convicção. Ao contrário, observam atentamente a conduta do praticante ao longo do tempo, avaliando se suas ações estão de fato alinhadas com a essência dracônica. Esse processo de avaliação não deve ser encarado como um obstáculo, mas como um convite ao autoconhecimento e ao aperfeiçoamento espiritual.

A reverência aos dragões envolve tanto oferendas simbólicas quanto atitudes concretas no cotidiano. O respeito por si mesmo e pelos ciclos naturais, a busca constante pelo aprimoramento e a defesa daquilo que é sagrado são manifestações práticas desse compromisso. Os elementos oferecidos em rituais devem refletir mais do que um desejo de agradar essas entidades; precisam carregar a intenção sincera de estabelecer um vínculo baseado na reciprocidade. Assim, a verdadeira homenagem não se limita a um altar ou a um gesto pontual, mas se manifesta no modo como o praticante conduz sua jornada, cultivando a disciplina, a resiliência e a responsabilidade diante do conhecimento que busca acessar.

A natureza das oferendas pode variar dependendo do tipo de dragão e da intenção do ritual. Para dragões de fogo, elementos que representem a chama sagrada são apropriados, como velas vermelhas ou douradas, incensos de resinas fortes, como mirra e olíbano, e até mesmo pequenas pedras vulcânicas deixadas em altares ao ar livre. Esses dragões apreciam ações que demonstrem coragem e transformação, então a queima de papéis contendo medos ou padrões negativos a serem transmutados pode ser uma oferenda simbólica poderosa.

Os dragões de água, por sua vez, são ligados ao fluxo emocional e à intuição, preferindo oferendas que carreguem a essência da fluidez e da pureza. Fontes naturais de água, como riachos, cachoeiras e lagos, são locais ideais para homenageá-los. Cristais energizados em água corrente, taças de água consagrada com ervas como camomila ou lavanda, ou até mesmo conchas e pérolas podem ser deixadas como símbolos de respeito. Além disso, praticar o autocuidado emocional e a purificação interna são formas de honrar esses dragões, pois eles prezam pelo equilíbrio e pelo fluxo natural da vida.

Para os dragões de terra, elementos sólidos e enraizados são mais apropriados. Rochas de locais sagrados, sementes, grãos e cristais como turmalina negra ou jaspe são boas opções. Plantar uma árvore ou cuidar de um espaço natural pode ser visto como uma oferenda viva, demonstrando o compromisso do praticante com a preservação da Terra, um valor fundamental para esses dragões. Essas oferendas não precisam ser deixadas em altares físicos, mas sim integradas à rotina de forma consciente, como um ato contínuo de respeito pelo planeta e pelas forças que o sustentam.

Os dragões do ar são mensageiros interdimensionais e apreciam oferendas que envolvam som, movimento e intenção mental clara. Mantras, músicas tocadas em sua honra, penas simbólicas ou mesmo a prática de respiração consciente são maneiras de oferecer algo significativo a esses dragões. O uso de incensos leves, como sândalo e alfazema, ou de sinos e tigelas tibetanas pode facilitar a sintonia com sua energia. Meditar em locais altos, como montanhas ou terraços, onde o vento circula livremente, é uma forma simbólica de reconhecer sua presença e demonstrar reverência.

Os rituais de honra e gratidão aos dragões podem ser simples, mas devem sempre ser realizados com verdade e respeito. Criar um pequeno altar, seja no ambiente físico ou mental, e dedicar alguns momentos para expressar reconhecimento pode ser um primeiro passo. Oferendas podem ser acompanhadas de palavras espontâneas ou frases rituais que expressem gratidão, como: "Agradeço pela presença e pela sabedoria compartilhada. Que minha jornada continue em sintonia com a energia dracônica e que eu possa honrar esta conexão com consciência e verdade."

O significado espiritual das oferendas está na intenção e na energia investida nelas. Quando feitas de maneira sincera, essas práticas criam um elo vibracional entre o praticante e os dragões, permitindo que sua energia se manifeste de forma mais clara e presente. Mais do que objetos materiais, os dragões valorizam atitudes alinhadas com sua essência, como a busca por conhecimento, a superação de desafios e a proteção daquilo que é sagrado.

Praticantes que incorporaram o hábito de fazer oferendas e demonstrações de respeito frequentemente relatam mudanças significativas em suas jornadas espirituais. Alguns percebem um aumento na intuição, sentindo os dragões guiando-os por meio de sonhos, sincronicidades e insights profundos. Outros relatam uma sensação constante de proteção e força interior, como se estivessem acompanhados por uma presença invisível, mas poderosa. Há ainda aqueles que notam um fluxo maior de oportunidades e aprendizado, como se a conexão com os dragões estivesse alinhando sua trajetória com um propósito maior.

Honrar os dragões não significa apenas realizar rituais ocasionais, mas sim viver de acordo com princípios que ressoam com sua energia. Demonstrar lealdade, coragem e respeito pelo conhecimento são atitudes que fortalecem essa conexão mais do que qualquer oferenda física. Os dragões são seres que observam a essência dos indivíduos, e aqueles que demonstram comprometimento com seu próprio crescimento espiritual naturalmente se tornam mais receptivos à sua presença.

A relação com os dragões é uma via de mão dupla, onde a confiança e a troca genuína são os pilares que sustentam essa interação. Para aqueles que desejam aprofundar esse vínculo, a chave está na autenticidade. Mais do que gestos simbólicos, os dragões valorizam a verdade do coração e a coerência entre palavras e ações. Ao honrá-los de maneira sincera, o praticante não apenas fortalece sua conexão com esses seres, mas também se alinha com uma energia de poder e sabedoria que pode transformar sua jornada de maneira profunda e duradoura.

Capítulo 27
Mensagens do Inconsciente

O mundo dos sonhos é um território vasto e misterioso, onde o inconsciente se comunica por meio de símbolos, arquétipos e experiências intensas que transcendem a lógica do estado desperto. Nele, a mente humana se desliga das barreiras racionais e se abre para dimensões onde forças primordiais podem se manifestar. Entre essas forças, os dragões surgem como figuras de profundo significado, representando desafios, proteção, poder e sabedoria. Sua presença nos sonhos não é aleatória; pelo contrário, reflete aspectos internos do sonhador, transmitindo mensagens que podem auxiliar no processo de autoconhecimento e transformação pessoal. A interação com dragões no mundo onírico pode ser um chamado para despertar uma força interior adormecida, enfrentar medos ocultos ou até mesmo um convite para estabelecer um vínculo espiritual mais profundo com essas entidades.

A forma como os dragões se apresentam nos sonhos varia conforme o estado emocional e o momento de vida de cada indivíduo. Para alguns, eles aparecem como criaturas imponentes, desafiando o sonhador a encarar seus próprios limites e superar obstáculos internos. Para outros, manifestam-se como aliados ou guias, oferecendo proteção e orientação em momentos de incerteza. A interpretação dessas aparições requer sensibilidade e atenção aos detalhes do sonho, pois cada elemento — cor, comportamento, ambiente e emoções envolvidas — carrega um significado que pode revelar mensagens ocultas. Por exemplo, um dragão que se ergue diante do sonhador de maneira ameaçadora pode representar um medo reprimido que precisa ser enfrentado, enquanto um dragão sereno que permite aproximação pode simbolizar a descoberta de um novo potencial ou uma conexão espiritual em desenvolvimento.

Além do simbolismo individual, os sonhos com dragões podem ser experiências espirituais autênticas, nas quais a consciência do sonhador acessa planos sutis da existência. Algumas tradições esotéricas acreditam que os dragões habitam reinos etéreos e que, durante o sono, é possível estabelecer contato direto com essas entidades. Nesses casos, o sonho se diferencia por sua intensidade e clareza, deixando uma impressão profunda ao despertar. Sonhos desse tipo geralmente são acompanhados de sensações vívidas, mensagens diretas e uma atmosfera de realismo que os distingue de meras criações da mente subconsciente. Para aqueles que desejam compreender melhor essas experiências, manter um diário de sonhos e praticar técnicas de indução, como a meditação antes de dormir ou o uso de cristais que favoreçam a lembrança dos sonhos, pode ser um caminho para aprofundar essa conexão e decifrar os ensinamentos que os dragões têm a oferecer.

O significado simbólico dos dragões nos sonhos está ligado à transformação, ao poder e à conexão com forças primordiais. Em muitas culturas, o dragão representa desafios internos que precisam ser superados, instintos primordiais que devem ser integrados ou mesmo a necessidade de enfrentar medos e limitações pessoais. Quando um dragão surge no mundo onírico, ele pode estar trazendo à tona aspectos reprimidos da psique, como raiva não expressada, coragem não reivindicada ou um chamado para expandir a consciência. Por outro lado, dependendo do contexto do sonho, um dragão pode representar proteção, sabedoria ancestral ou a presença de um guia espiritual auxiliando na jornada de autoconhecimento.

Os dragões também podem atuar como verdadeiros guias dentro do mundo dos sonhos, auxiliando na compreensão de mistérios e fornecendo ensinamentos que não seriam facilmente acessíveis no estado desperto. Algumas tradições esotéricas sugerem que certas almas possuem conexões antigas com esses seres e, durante o sono, podem receber instruções diretas sobre sua missão de vida, caminhos espirituais ou até mesmo aspectos desconhecidos da realidade. Há relatos de sonhadores que, ao encontrarem um dragão em sonhos, receberam visões sobre eventos futuros, informações sobre seu desenvolvimento pessoal ou insights sobre questões que os afligiam.

Diferenciar um sonho puramente simbólico de uma experiência espiritual real com dragões pode ser desafiador, mas existem algumas características que ajudam nessa distinção. Sonhos comuns tendem a ser fragmentados, com elementos desconexos e um fluxo irregular de eventos. Já as experiências espirituais com dragões costumam ser incrivelmente vívidas, com uma clareza que transcende a lógica habitual dos sonhos. Muitas vezes, os sonhadores relatam uma sensação de presença real, como se estivessem diante de uma consciência independente que interage de maneira autônoma. Além disso, esses sonhos frequentemente deixam um impacto emocional duradouro, acompanhados por uma sensação de aprendizado profundo ou despertar espiritual.

Para aqueles que desejam interpretar e registrar seus sonhos com dragões, manter um diário de sonhos é uma prática essencial. Assim que despertar, o sonhador deve anotar todos os detalhes possíveis da experiência, incluindo cores, sensações, interações e emoções envolvidas. Cada elemento do sonho pode carregar um significado oculto e, ao longo do tempo, padrões podem emergir, revelando mensagens recorrentes ou temas específicos que os dragões estão tentando comunicar. A análise desses sonhos pode ser feita de forma intuitiva, conectando-se com a sensação que cada imagem desperta, ou utilizando referências simbólicas e mitológicas para uma interpretação mais aprofundada.

Além do registro, técnicas de indução de sonhos lúcidos podem ser empregadas para facilitar o contato consciente com os dragões no mundo onírico. Métodos como a prática da atenção plena durante o dia, o uso de afirmações antes de dormir e a repetição da intenção de encontrar um dragão no sonho podem aumentar as chances de um encontro significativo. Alguns praticantes também utilizam cristais como ametista ou lápis-lazúli sob o travesseiro, pois são conhecidos por amplificar a conexão com o plano dos sonhos e facilitar experiências espirituais.

Relatos de pessoas que tiveram encontros profundos com dragões em sonhos sugerem que essas experiências podem causar mudanças significativas na vida desperta. Alguns descrevem que, após sonhar com um dragão, passaram a sentir mais confiança e força interior, como se tivessem recebido um impulso energético para superar desafios. Outros relatam que os dragões forneceram mensagens enigmáticas que, ao serem decifradas, ajudaram a esclarecer aspectos importantes de suas vidas. Há também aqueles que afirmam ter visto dragões em múltiplos sonhos ao longo dos anos, cada vez trazendo novas revelações, como se um processo gradual de aprendizado estivesse ocorrendo.

Os dragões nos sonhos não são apenas figuras de fantasia ou elementos aleatórios do subconsciente, mas sim manifestações poderosas de forças que atuam além do que podemos compreender racionalmente. Para aqueles que sentem o chamado desses seres, prestar atenção aos sonhos pode ser um dos caminhos mais diretos para estabelecer uma conexão significativa. O inconsciente fala através de símbolos, e os dragões, quando aparecem, trazem consigo mensagens que podem transformar a percepção da realidade e expandir a consciência para novas dimensões do conhecimento e do despertar espiritual.

Capítulo 28
Desenvolvimento Pessoal

O desenvolvimento pessoal impulsionado pela energia dos dragões é um processo intenso e transformador, no qual a força interior do indivíduo é despertada e refinada. Essa conexão não ocorre de forma passiva, pois os dragões não são entidades que oferecem conforto sem esforço. Pelo contrário, eles desafiam aqueles que buscam sua presença, exigindo comprometimento, coragem e a disposição de enfrentar verdades muitas vezes ocultas. A influência dracônica não apenas fortalece a personalidade e a determinação, mas também guia o praticante na descoberta de seu verdadeiro potencial, mostrando que a verdadeira evolução ocorre quando há disposição para encarar desafios e transcender limites autoimpostos.

A energia dos dragões atua como um catalisador para mudanças profundas, ajudando a transformar inseguranças em autoconfiança e medos em oportunidades de crescimento. Muitas pessoas que entram em contato com essa força relatam um aumento na clareza de propósito e na capacidade de tomar decisões com mais firmeza. Isso ocorre porque os dragões não toleram hesitação quando se trata de seguir o próprio caminho. Eles ensinam que cada pessoa é responsável pela construção de sua própria jornada e que o poder para moldar a realidade está dentro de cada um. No entanto, essa força não é concedida gratuitamente; ela deve ser reivindicada com autenticidade e esforço contínuo. A cada obstáculo superado, o indivíduo se torna mais forte, mais consciente de si mesmo e mais alinhado com sua verdadeira essência.

O compromisso com o desenvolvimento pessoal sob a orientação dos dragões não se limita a momentos específicos de introspecção ou prática espiritual. Trata-se de uma mudança na forma de viver e de interagir com o mundo. A energia dracônica se manifesta em pequenas e grandes escolhas diárias: no modo como enfrentamos desafios, na maneira como nos posicionamos diante das dificuldades e na disposição de persistir mesmo quando o caminho parece incerto. Incorporar os princípios dracônicos – coragem, autenticidade, sabedoria e responsabilidade – significa adotar uma postura de constante aprendizado e crescimento. Aqueles que aceitam essa jornada percebem que os dragões não apenas inspiram transformação, mas também servem como guias para uma vida mais plena e alinhada com o verdadeiro potencial do ser.

A influência dos dragões no crescimento pessoal pode ser percebida de diversas maneiras. Um dos aspectos mais marcantes é o fortalecimento da autoconfiança. Muitas pessoas que iniciam essa conexão relatam uma transformação profunda em sua postura diante da vida, sentindo-se mais seguras para expressar sua verdade, tomar decisões importantes e assumir a responsabilidade por sua jornada. Isso ocorre porque os dragões ensinam que a verdadeira força vem de dentro, e que ninguém pode dominar completamente sua realidade sem antes dominar a si mesmo. A energia dracônica inspira a autossuficiência e a coragem de caminhar por trilhas desconhecidas, confiando na própria intuição e poder interior.

Outro impacto significativo dessa conexão é o desenvolvimento da resiliência emocional e mental. Os dragões, muitas vezes, desafiam aqueles que os buscam, confrontando-os com suas sombras e limitações. Esse processo pode ser intenso, pois exige que a pessoa encare suas inseguranças, medos e crenças limitantes de frente. No entanto, aqueles que aceitam esse desafio descobrem que são muito mais fortes do que imaginavam. Essa força interior não vem da negação ou repressão, mas sim da aceitação e integração das próprias fraquezas como parte do processo de crescimento. Assim como um dragão voa livre por entre tempestades sem se abalar, o indivíduo aprende a atravessar momentos turbulentos da vida com sabedoria e equilíbrio.

Incorporar os ensinamentos dos dragões na vida cotidiana exige prática e comprometimento. A primeira etapa é reconhecer a presença dessa energia e abrir-se para suas lições. Isso pode ser feito através da meditação, onde o praticante se conecta com a essência dos dragões e permite que sua força se manifeste internamente. Outra forma de aplicar esses ensinamentos é por meio de ações concretas que reflitam os valores dracônicos, como a honestidade, a coragem e o respeito pela própria verdade. Cada escolha feita com integridade fortalece essa conexão e amplia a influência positiva dos dragões na jornada pessoal.

A presença dos dragões também pode ser evocada em momentos de tomada de decisão. Em situações onde a dúvida ou o medo surgem, pode-se visualizar um dragão ao lado, como um guardião da clareza e da determinação. Essa simples prática pode trazer uma sensação de segurança e encorajamento, permitindo que a pessoa tome decisões mais alinhadas com seu propósito. Além disso, trabalhar com a energia dos dragões em desafios específicos – como falar em público, enfrentar um obstáculo pessoal ou iniciar um novo projeto – pode ser uma forma poderosa de integrar sua força ao dia a dia.

Muitas pessoas que passaram a se conectar com os dragões relatam mudanças profundas em suas vidas. Algumas experimentaram um aumento significativo de coragem e ousadia, permitindo-se explorar novos caminhos sem medo do fracasso. Outras perceberam que sua intuição se tornou mais aguçada, facilitando a compreensão de sinais e mensagens do universo. Há também aqueles que desenvolveram um senso de propósito mais claro, sentindo-se guiados por uma força maior em sua jornada. Essas transformações não ocorrem de maneira instantânea, mas sim como um processo contínuo de amadurecimento e autodescoberta, onde cada passo dado fortalece ainda mais a conexão com essa energia ancestral.

Os dragões atuam como mestres e catalisadores da evolução humana porque desafiam a estagnação e impulsionam o crescimento. Diferente de guias espirituais que oferecem conforto e proteção, os dragões ensinam através da superação, colocando o indivíduo diante de provações que o levam a se fortalecer. Seu papel não é carregar ninguém nos ombros, mas sim ensinar como criar suas próprias asas e voar com independência. Essa abordagem pode parecer rigorosa para alguns, mas é exatamente essa exigência que torna a conexão com os dragões tão transformadora.

Trabalhar com os dragões é assumir o compromisso de caminhar com integridade, força e propósito. É um chamado para aqueles que não temem a mudança e que estão prontos para acessar seu verdadeiro potencial. Aqueles que aceitam esse chamado descobrem que os dragões não são apenas mitos ou arquétipos distantes, mas forças vivas que atuam no desenvolvimento da alma, guiando cada um para uma existência mais autêntica e poderosa.

Capítulo 29
Como Sentir a Presença dos Dragões

A presença dos dragões no mundo espiritual não se revela de maneira óbvia ou direta, mas sim através de sinais sutis e experiências que desafiam a lógica cotidiana. Esses seres, portadores de uma energia ancestral e poderosa, manifestam-se para aqueles que estão abertos a perceber sua influência, seja por meio de sonhos vívidos, intuições repentinas ou sincronicidades que se tornam impossíveis de ignorar. Mais do que figuras mitológicas ou arquétipos do inconsciente coletivo, os dragões representam uma força viva que ressoa com aqueles que buscam crescimento, coragem e uma conexão mais profunda com os mistérios do universo. Sentir sua presença não depende de uma crença cega, mas de uma sensibilidade aguçada e da disposição para reconhecer padrões e mensagens que podem estar ocultos nas experiências diárias.

Para aqueles que se sentem chamados por essa energia, os primeiros indícios da presença dracônica costumam surgir de maneira espontânea. Um interesse repentino por símbolos de dragão, a atração inexplicável por histórias ou representações desses seres e até mesmo mudanças na forma de perceber o ambiente ao redor são alguns dos sinais mais comuns. Algumas pessoas relatam um aumento na força interior, como se uma presença invisível as impulsionasse a enfrentar desafios com mais determinação. Outras experimentam momentos de clareza intensa, como se estivessem recebendo conselhos ou orientações de uma fonte que transcende a mente racional. Sensações físicas, como um calor repentino no corpo, um arrepio que não pode ser explicado ou até uma variação sutil na energia do ambiente, também podem indicar que os dragões estão se manifestando.

A conexão com os dragões se fortalece à medida que o indivíduo se torna mais receptivo e consciente desses sinais. Criar momentos de introspecção, seja por meio da meditação, da escrita intuitiva ou da contemplação da natureza, pode facilitar essa percepção. Além disso, honrar essa presença com respeito e intenção genuína é essencial para estabelecer um vínculo verdadeiro. Os dragões não se comunicam de maneira linear, mas sim através de impressões, sentimentos e símbolos que exigem interpretação cuidadosa. Aqueles que se dedicam a essa jornada descobrem que os dragões não apenas observam e guiam à distância, mas também se tornam aliados poderosos, oferecendo proteção, inspiração e força para atravessar os desafios da vida com coragem e propósito.

Os sinais dessa retomada podem se manifestar de diferentes formas. Muitas pessoas relatam um interesse repentino por dragões, sem que haja um motivo aparente. Esse chamado pode vir na forma de sonhos intensos, imagens recorrentes, sincronicidades e até mesmo uma sensação de familiaridade ao ouvir histórias sobre esses seres. Algumas pessoas começam a perceber dragões em símbolos do dia a dia, como em padrões naturais, nuvens ou até mesmo em manifestações artísticas que antes não lhes chamavam atenção. Isso indica que sua consciência está se abrindo para essa energia e que os dragões estão tentando estabelecer um contato sutil.

Perceber esses sinais exige sensibilidade e atenção. No cotidiano, a presença dracônica pode se revelar através de pequenos detalhes que, para a mente distraída, passariam despercebidos. Sons inesperados, mudanças na temperatura ambiente e até uma sensação de força inexplicável surgindo em momentos de introspecção podem ser indicativos de que os dragões estão próximos. Algumas pessoas relatam sentir uma presença observadora, como se estivessem sendo guiadas por uma força invisível que as incentiva a continuar evoluindo. Esse tipo de experiência pode ocorrer durante meditações, momentos de silêncio profundo ou até em situações de grande necessidade, quando um impulso de coragem surge aparentemente do nada.

Sonhos e visões são alguns dos meios mais comuns pelos quais os dragões entram em contato com aqueles que estão despertando para sua presença. Nos sonhos, os dragões podem aparecer como figuras grandiosas, transmitindo mensagens simbólicas ou simplesmente demonstrando sua força e imponência. Algumas pessoas relatam diálogos telepáticos com dragões, nos quais recebem orientações sobre sua jornada espiritual. Outros descrevem a sensação de voar ao lado de um dragão, simbolizando liberdade, elevação da consciência e superação de limitações. O impacto dessas experiências costuma ser profundo, deixando uma impressão duradoura e um senso de conexão inexplicável com esses seres.

A interpretação correta dessas manifestações é fundamental para compreender a mensagem que os dragões desejam transmitir. Nem toda experiência envolvendo dragões indica uma conexão genuína; às vezes, pode ser apenas uma manifestação do inconsciente processando arquétipos poderosos. Para diferenciar um contato real de um simples reflexo interno, é necessário observar o impacto da experiência. Contatos autênticos com dragões costumam trazer mudanças significativas na percepção de vida, proporcionando maior clareza, coragem e um senso renovado de propósito. Além disso, essas experiências geralmente são acompanhadas por um forte sentimento de respeito e admiração, em vez de medo ou confusão.

Fortalecer essa conexão envolve abrir-se conscientemente para a presença dos dragões e demonstrar receptividade para seus ensinamentos. Meditações focadas, invocações respeitosas e práticas de visualização são formas eficazes de alinhar a energia pessoal com a vibração dracônica. Criar um espaço sagrado, seja um altar simbólico ou um local específico para reflexão e conexão, pode facilitar essa sintonia. Alguns praticantes também utilizam cristais, como obsidiana e quartzo dourado, para amplificar essa energia e criar um campo mais receptivo à presença dos dragões.

Os relatos de pessoas que sentiram a presença dos dragões em suas vidas são variados, mas todos compartilham um elemento em comum: a transformação profunda que essa conexão proporciona. Algumas pessoas percebem mudanças sutis, como um aumento na confiança e determinação, enquanto outras passam por verdadeiros despertares espirituais, onde a energia dracônica atua como um catalisador para sua evolução. Há também aqueles que relatam uma sensação contínua de proteção, como se estivessem sendo guiados por uma força ancestral que os ajuda a enfrentar desafios e tomar decisões importantes.

 O retorno dos dragões à consciência da humanidade não é um evento isolado, mas parte de um processo maior de reconexão com forças antigas que sempre estiveram presentes, mas que ficaram adormecidas por um tempo. À medida que mais pessoas despertam para essa presença, a influência dos dragões se torna mais perceptível, guiando a humanidade para uma nova era de entendimento, poder e equilíbrio. Aqueles que sentem esse chamado devem estar dispostos a se aprofundar nessa jornada, não como uma busca por poder ou conhecimento superficial, mas como um compromisso genuíno com o próprio crescimento e a expansão da consciência.

Capítulo 30
Os Mestres e Guardiões

Os dragões sempre foram mais do que meros símbolos de força e mistério; eles representam mestres espirituais que orientam aqueles dispostos a enfrentar os desafios da jornada evolutiva. Sua presença nas tradições antigas sugere que, além de guardiões do conhecimento sagrado, são instrutores rigorosos que testam a determinação e a coragem dos que buscam sabedoria. Diferente de outras entidades espirituais que oferecem orientação direta e proteção incondicional, os dragões exigem comprometimento e transformação genuína. O aprendizado que proporcionam não é transmitido por palavras suaves ou ensinamentos simples, mas por meio de desafios que forçam o discípulo a superar seus próprios limites e a conquistar um entendimento mais profundo sobre si mesmo e o universo.

Essa relação mestre-aprendiz é construída sobre princípios de mérito e resiliência. Os dragões não escolhem seus alunos ao acaso; eles observam a conduta, a intenção e o esforço de cada buscador. Para ser digno da orientação dracônica, é preciso demonstrar disciplina, força de vontade e uma sincera busca pelo autoconhecimento. Os ensinamentos dos dragões são frequentemente transmitidos de maneira simbólica, por meio de sonhos, visões e experiências que, à primeira vista, podem parecer desafiadoras ou enigmáticas. Esses testes não são punições, mas oportunidades para que o indivíduo prove sua determinação e refine suas habilidades espirituais. Somente aqueles que se mostram dispostos a enfrentar suas próprias sombras e limitações conseguem acessar os segredos que esses guardiões mantêm sob sua proteção.

A tutela dracônica não é um escudo que protege contra todas as dificuldades da vida, mas uma força que fortalece o espírito e amplia a percepção da realidade. Aqueles que entram em sintonia com os dragões muitas vezes relatam uma transformação profunda, sentindo-se mais seguros, determinados e alinhados com seu propósito. Essa presença pode ser sutil, percebida como uma intuição aguçada ou um impulso de coragem nos momentos mais cruciais. Outros experimentam manifestações mais intensas, como sonhos vívidos nos quais os dragões aparecem como mestres que ensinam lições importantes. Independentemente da forma que assume, essa conexão é um chamado para a evolução constante, desafiando o indivíduo a crescer e a se tornar a melhor versão de si mesmo. Trabalhar com os dragões significa trilhar um caminho de poder e responsabilidade, onde cada lição aprendida se traduz em um passo firme rumo ao despertar da verdadeira sabedoria.

Ao longo da história, buscadores espirituais relataram experiências que indicam a presença dos dragões como guias ocultos. Em textos antigos, há menções a dragões como guardiões de templos invisíveis, onde apenas aqueles que demonstram verdadeiro mérito podem entrar. Em algumas culturas, os dragões eram vistos como protetores da terra, do conhecimento e dos segredos do universo. Monges taoístas na China acreditavam que os dragões eram manifestações da energia primordial do cosmos, capazes de revelar caminhos para aqueles que se alinhavam com sua vibração. No Ocidente, alquimistas medievais usavam a imagem do dragão como um símbolo do processo de transmutação, representando a jornada do aprendiz em busca da iluminação.

O acesso aos ensinamentos dos dragões não ocorre de maneira aleatória. Ele exige disciplina, respeito e, acima de tudo, a capacidade de se abrir para mudanças profundas. Os dragões não oferecem respostas fáceis; em vez disso, apresentam situações que forçam o praticante a crescer, superar limitações e alcançar novos patamares de consciência. Essa transmissão de conhecimento pode ocorrer por meio de sonhos, visões, sincronicidades e até mesmo desafios no mundo físico que servem como testes para fortalecer a alma do aprendiz. Para aqueles que estão preparados, os dragões oferecem chaves para acessar dimensões superiores de sabedoria, expandindo a percepção da realidade.

A tutela dracônica é um conceito que se refere à proteção e orientação espiritual concedida pelos dragões àqueles que demonstram estar prontos para caminhar ao lado deles. Essa proteção energética pode ser sentida como uma força invisível que acompanha o indivíduo em momentos de perigo ou incerteza. Muitas pessoas que se conectam com os dragões relatam sentir sua presença quando enfrentam situações difíceis, como uma energia sutil que os encoraja a seguir adiante, fortalecendo sua determinação e clareza mental. Essa tutela não é dada indiscriminadamente; ela deve ser conquistada através do comprometimento com a verdade, a integridade e a busca pelo autoconhecimento.

Os relatos de pessoas que experimentaram essa conexão variam, mas há padrões que se repetem. Alguns descrevem sensações físicas intensas ao invocar a presença dos dragões, como um calor súbito percorrendo o corpo ou uma eletricidade sutil ao redor do campo energético. Outros relatam sonhos recorrentes nos quais os dragões aparecem como professores, conduzindo-os por paisagens desconhecidas e revelando lições simbólicas. Há também aqueles que percebem mudanças na própria energia após estabelecerem essa conexão, sentindo-se mais confiantes, protegidos e alinhados com seu propósito de vida.

Os dragões, como mestres e guardiões, representam a força bruta da sabedoria cósmica, exigindo daqueles que os buscam uma transformação real e profunda. Trabalhar com sua energia significa abandonar ilusões, enfrentar verdades dolorosas e, acima de tudo, desenvolver um senso de responsabilidade sobre sua própria jornada espiritual. Eles não guiam aqueles que esperam respostas fáceis ou atalhos para o crescimento; em vez disso, oferecem desafios que levam ao verdadeiro despertar. Para aqueles que aceitam esse chamado, a jornada ao lado dos dragões se torna um caminho de constante evolução, onde cada lição aprendida fortalece não apenas o espírito, mas também a própria essência do ser.

Capítulo 31
O Chamado Final

A conexão com os dragões transcende o conceito de simples crença ou fascínio mitológico. Trata-se de uma experiência transformadora que exige comprometimento, percepção aguçada e uma disposição genuína para a mudança. Ao longo da jornada, cada passo dado não foi apenas uma busca pelo desconhecido, mas um caminho de autodescoberta que moldou o espírito e desafiou as limitações impostas pelo medo e pela dúvida. Aqueles que chegam a este ponto não o fazem por acaso. Há um impulso interno, uma força inquestionável que os guiou até aqui, atravessando obstáculos, redefinindo paradigmas e permitindo o florescimento de uma consciência expandida. Não se trata apenas de buscar os dragões como entidades externas, mas de reconhecer a essência dracônica dentro de si, aquela centelha de poder, sabedoria e força que esteve presente desde o início, esperando o momento certo para se manifestar plenamente.

O chamado final não é apenas um convite; é um desafio. Não basta desejar a conexão com os dragões, é preciso provar que se está pronto para recebê-los. Eles não respondem a meras curiosidades ou intenções superficiais, pois sua presença exige preparação, maturidade e coragem para encarar verdades que podem ser desconfortáveis. Cada um que trilha esse caminho precisa se perguntar: estou disposto a abandonar as velhas ilusões? Tenho coragem para enfrentar os desafios que virão? A presença de um dragão não é uma dádiva concedida sem propósito; ela é um reflexo do que foi conquistado, da clareza que foi desenvolvida e da força interna que se consolidou ao longo da jornada. Por isso, aqueles que hesitam, que duvidam ou que ainda carregam consigo amarras emocionais e mentais encontrarão dificuldades em seguir adiante. O verdadeiro encontro com os dragões acontece apenas quando há uma entrega total ao processo de transformação, sem reservas ou resistência.

Os sinais da prontidão estão por toda parte para aqueles que aprenderam a enxergá-los. Sonhos vívidos onde os dragões se manifestam, sincronicidades inesperadas, uma mudança profunda na percepção da realidade – todos esses são indícios de que a energia dracônica está se aproximando. Mas o mais importante não está fora, e sim dentro: uma sensação inexplicável de que algo grandioso está por vir, um despertar que ecoa na alma e que ressoa com uma verdade inquestionável. Esse é o chamado final. Agora, resta apenas a decisão. Está pronto para dar o próximo passo e cruzar o limiar que separa o que foi e o que ainda pode ser?

Os dragões não são entidades que aparecem por acaso. Sua energia não pode ser simplesmente invocada por desejo ou necessidade momentânea. Eles surgem para aqueles que demonstram estar preparados para receber seus ensinamentos e para lidar com as responsabilidades que vêm com essa conexão. Muitas tradições espirituais falam da importância da maturidade espiritual antes de se aproximar de seres de grande poder. No caso dos dragões, essa preparação envolve mais do que apenas rituais e invocações; exige uma mudança na forma de perceber a realidade e interagir com o mundo.

A prontidão para esse encontro não se mede apenas pelo conhecimento acumulado, mas pela disposição em abandonar velhas crenças limitantes e abraçar o desconhecido com coragem. Os dragões desafiam aqueles que os buscam a se tornarem versões mais autênticas de si mesmos, exigindo integridade, determinação e um compromisso inabalável com a verdade. Eles não oferecem caminhos fáceis nem respostas prontas, mas colocam o indivíduo diante de desafios que o forçam a crescer, a se fortalecer e a expandir sua consciência.

Os sinais de que alguém está pronto para o encontro com os dragões são sutis, mas claros para quem aprende a observá-los. Uma das primeiras indicações é a presença constante de sincronicidades envolvendo dragões – seja por meio de imagens, menções inesperadas em conversas ou mesmo sonhos repetitivos onde esses seres aparecem. Essas manifestações sugerem que a energia dracônica está se aproximando, testando o nível de receptividade do indivíduo. Além disso, há uma transformação interna perceptível: uma vontade crescente de se libertar de padrões destrutivos, um desejo profundo de compreender mistérios ocultos e uma coragem renovada para enfrentar desafios que antes pareciam intransponíveis.

Para aqueles que sentem esse chamado, a preparação se torna essencial. Meditações focadas na energia dos dragões, práticas de alinhamento energético e o estudo aprofundado das suas simbologias são formas de fortalecer essa conexão. Mas, acima de tudo, é necessário cultivar um espírito de respeito e humildade. Os dragões não respondem à arrogância ou à busca por poder pessoal; eles se manifestam para aqueles que desejam compreender a si mesmos e o universo de maneira mais profunda.

O encontro com um dragão, seja em um sonho, em uma visão ou em uma experiência espiritual intensa, não é algo que pode ser forçado. Ele acontece quando a alma está pronta, quando a mente está aberta e quando o coração está livre de expectativas rígidas. Muitas pessoas relatam que, quando finalmente encontraram um dragão, não foi da maneira que esperavam. Alguns descreveram uma presença imensa e indescritível, que se fez sentir como uma onda de calor ou eletricidade percorrendo o corpo. Outros viram os dragões como figuras imponentes e serenas, comunicando-se através de símbolos, olhares ou sensações profundas. Há aqueles que apenas sentiram uma força ao seu redor, como um escudo invisível que os protegeu em momentos de crise.

Independentemente da forma que o encontro assume, ele sempre provoca mudanças. Quem entra em contato com um dragão de verdade nunca mais vê a vida da mesma maneira. O medo se dissipa, a percepção se expande e um novo senso de propósito se instala. Isso não significa que a jornada se torna fácil, mas que o indivíduo agora possui um aliado poderoso ao seu lado, uma força que o inspira a continuar crescendo, aprendendo e enfrentando os desafios com sabedoria e determinação.

O chamado dos dragões não é para todos. Ele ressoa apenas naqueles que estão prontos para aceitar sua grandiosidade e os desafios que ela traz. Se você sente essa conexão, se os dragões povoam seus pensamentos, sonhos e intuições, então talvez já esteja preparado para o encontro. Mas lembre-se: esse não é o fim da jornada, e sim o início de uma nova fase, onde a presença dracônica se tornará um guia constante, impulsionando sua evolução em níveis que você ainda nem consegue imaginar.

Agora, a decisão está em suas mãos. Você está pronto para atender ao chamado?

Epílogo

Gostaria de expressar minha mais sincera gratidão a você, caro leitor, por ter dedicado seu tempo e sua atenção a esta exploração profunda sobre a verdadeira natureza dos dragões. Esperamos que esta jornada pelas páginas deste livro tenha despertado sua curiosidade, expandido sua compreensão e, quem sabe, até mesmo tocado uma fibra sensível em sua alma.

Acreditamos que a busca pelo conhecimento e a abertura para novas perspectivas são caminhos essenciais para o nosso crescimento individual e coletivo. Ao se permitir considerar a possibilidade de que os dragões sejam mais do que meras figuras da mitologia, você demonstra uma mente aberta e uma sede por compreender as camadas mais profundas da realidade.

A concretização deste livro foi possível graças ao esforço e à dedicação de muitas pessoas. Em nome do autor, gostaria de agradecer a todos aqueles que contribuíram direta ou indiretamente para este projeto. Agradecemos especialmente àqueles que compartilharam suas experiências e insights sobre o mundo sutil e a presença dos dragões, enriquecendo esta obra com suas vivências pessoais.

Gostaríamos de reconhecer também o trabalho incansável da equipe editorial, que com profissionalismo e atenção aos detalhes, tornou este livro uma realidade. Agradecemos aos revisores, designers e a todos os envolvidos na produção, cuja expertise foi fundamental para dar forma a estas palavras e torná-las acessíveis a você.

Por fim, um agradecimento especial àqueles que, com seu apoio e incentivo, motivaram o autor a seguir em frente com esta pesquisa e a compartilhar sua visão única sobre os dragões.

Esperamos sinceramente que a leitura deste livro tenha sido uma experiência enriquecedora e inspiradora, e que as informações aqui apresentadas possam servir como um ponto de partida para uma jornada ainda mais profunda em busca da compreensão da nossa conexão com o mundo espiritual e com as forças elementais que o regem.

Que a sabedoria dos dragões, seres de poder e transformação, continue a inspirar seus pensamentos e a iluminar seu caminho.

Com os melhores votos,
Luiz Santos
Editor

www.ingramcontent.com/pod-product-compliance
Lightning Source LLC
LaVergne TN
LVHW040052080526
838202LV00045B/3603